## 들어가며

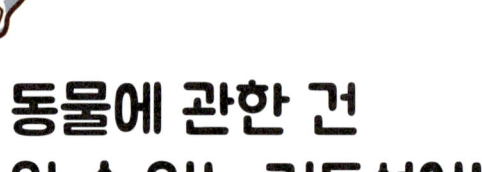

# 동물에 관한 건
# 알 수 없는 것투성이!

옛날부터 사람들은 다른 이의 말을 끝까지 듣지 않고, 깊게 생각하지도 않고 자기 멋대로 판단해 버리는 일이 종종 있었습니다. 그런 경솔한 사례가 동물을 연구하는 세계에서도 꽤 있어, 때로는 큰 소동으로 번진 적도 있습니다. 하지만 오해한 채 연구를 하다가 크게 실패해도, 두려워하지 않고 계속 즐겁게 연구한 끝에 진실에 도달하는 경우가 있었던 것도 사실입니다. 이렇듯 동물 연구는 실패가 쌓여 진전이 이루어졌다고 할 수 있습니다.

지금은 인터넷 시대라 다양한 정보가 뒤섞여 있어, 무엇이 '진짜'고 무엇이 '거짓'인지 구분하는 것 또한 어려워졌습니다. 하지만 '거짓'으로부터 배울 수 있는 것이 많을 수도 있습니다. 왜냐하면 옛사람들의 실패 사례를 통해 과학적인 판단력과 이론적인 사고력을 기를 수 있기 때문입니다.

동물과학연구소 소장
**이마이즈미 타다아키**

# 차례

- 2 들어가며
- 4 차례
- 8 이 책을 보는 법
- 10 어느 날, 토끼귀 신문사……

## 제1장 거짓말이에요
~그 오해, 또!~

- 14 **백상아리**
  사람을 노리고 습격한다고 알려졌지만……
- 16 **피라냐**
  어쨌건 사나운 '아마존의 식인 물고기'?
- 18 **원앙**
  항상 부부 사이가 좋아 함께라고 하지만……
- 20 **점박이하이에나**
  먹잇감을 가로채는 비겁한 동물……?
- 22 **소**
  붉은 천으로 투쟁심을 자극한다고?
- 24 **칼럼** 불사신이라는 건 거짓말이에요
  ~잘 죽지 않는 동물 좌담회~
- 26 **집고양이**
  제일 좋아하는 건 생선이라고?
- 28 **자이언트판다**
  대나무만 먹는다고? 아니거든~
- 30 **호랑이**
  '고양이 혀'는 고양이만 그런 거 아니었어?
- 32 **멧돼지**
  돌진은 직진으로만 할 수 있다고?
- 34 **카멜레온**
  주변에 맞춰 색을 바꾼다고 생각했더니……
- 36 **인도코브라**
  뱀 부리는 사람의 피리 소리에 춤춘다고?
- 38 **민달팽이**
  소금을 뿌리면 녹아 없어진다고 하지만
- 40 **칼럼** 오히려 거짓말이에요!
  ~속고 있다고요! 좌담회~
- 42 **개복치**
  잘 죽는 '가장 약한 물고기'라고?
- 44 **붉은바다거북**
  출산의 고통으로 눈물을 흘리는 감동스러운 장면?
- 46 **스컹크**
  스컹크는 강렬한 방귀로 적을 도망치게 한다?
- 48 **저녁매미**
  매미의 수명은 고작 1주일이라고 하지만……
- 50 **큰곰**
  곰과 마주쳤을 때는 죽은 척하면 OK?

52 **낙타**
낙타의 혹에는 물이 저장되어 있다?

54 **아메리카너구리**
물이 있으면 먹이를 씻는
아메리카너구리……?

56 **흡혈박쥐**
박쥐는 다들 피를 빠는 거 아니냐고
생각하지?

58 칼럼 **다른 동물이라는 건
거짓말이에요!**
～실은 같은 종 좌담회～

60 **왕아르마딜로**
아르마딜로는 다들 몸을
둥글게 마는 거 아니야?

62 **일본산양**
날씬한 다리를
'일본산양 같은 다리'라고 하지만……

64 **두더지**
두더지는 태양 빛을 쬐면 죽는다?

66 **올빼미**
목을 360도 빙글빙글 돌릴 수 있다고?

68 **벌레잡이통풀**
식충 식물은 벌레나 작은 동물이
필요하다고?

70 **쏙독새**
낮에만 잘 보이는 눈을 '새눈'이라고
하지만……

72 퀴즈 **착각해서 그래요 퀴즈 ①**
휘파람새는 어느 쪽?

## 제2장 달라요
~그런 이미지는 아닐지도?~

74 **하마**
실은 엄청 난폭해요

76 **치타**
장거리 달리기는 서툴러요

78 **사자**
사냥하는 건 암컷이에요

80 **고릴라**
의외로 다르다? 고릴라 따라잡기 강좌

82 **펭귄**
실은 우리들, 다리가 길어요!

84 **회색늑대**
'고독한 늑대'는 그저 무리에서
떨어졌을 뿐이에요

86 **바다악어**
이래 봬도 제대로 양육해요

88 **기린**
싸움은 거칠어요

90 **돼지**
실은 깨끗한 걸 엄청 좋아해요

92 칼럼 **닮았지만 달라요!**
～닮은 꼴 구분법 강좌～

94 **범고래**
바다 생태계의 정점!
바다의 갱이에요

96 **북극곰**
사실, 맨살은 새카매요

98 클리오네
식사할 때는 악마가 돼요

100 오징어
아, 거기 머리가 아니라 몸이에요!

102 나무늘보
몸을 격하게 움직이면 죽는다고요!

104 향유고래
물속에서는 호흡할 수 없어요!

106 제비
둥지가 맛있는 건 검은둥지칼새예요

108 칼럼 달라요 의외로 육체파예요
~귀여운 차이점 좌담회~

110 외뿔고래
뿔이라고 생각했던 건 긴 이빨이에요

112 소금쟁이
물에 빠지는 경우가 있어요

114 다람쥐
동면하지만…… 실은 가끔 일어나요

116 개미
20퍼센트는 농땡이 피워요

118 가시복
가시가 천 개는 있을 듯한
이름이지만……
그렇게 많지는 않아요

120 복어
태어날 때부터 독을 지닌 건 아니에요

122 지네
우리들은 곤충이 아니에요!

124 퀴즈 착각해서 그래요 퀴즈 ❷
기린의 목 엑스선 사진은 어느 쪽?

## 제 3 장 아니었어요
~이름의 유래는 오해~

126 흰개미
개미가 아니라 바퀴벌레예요!

128 고슴도치
두더지와 같은 무리라고요!

130 왕게
왕게는 게과가 아니에요

132 칼럼 비극의 아니었어요
~오해의 비극 강좌~

134 흰코뿔소
이름의 유래는 색 차이가 아니라고요!

136 꼬마뒤쥐
도쿄에 서식하지 않아요!

138 인드리
'저것 좀 봐'가 이름이 되었어요

140 칼럼 아직 있어요, 아니었어요!
원숭이가 아니에요, 돼지가 아니에요

## 제4장 공룡에 대한 거짓말이에요
~중요한 건 오해가 쌓이는 것!~

**142 트리케라톱스**
공룡의 색, 실은 상상이에요!

**144 이구아노돈**
예리한 엄지발톱이 특징이지만……
처음에는 뿔이었어요!

**146 티라노사우루스**
모습의 상상도가 정해져 있지 않아요!

**148 스테고사우루스**
판이 늘어진 모양이 여러 가지로
추측되었어요

**150 파키케팔로사우루스**
목이 약해, 머리를 맞부딪칠 수 없었어요

**152 오비랍토르**
'알 도둑'이라는 이름이 붙여졌지만……

**154 프테라노돈**
익룡, 수장룡은 공룡이 아니에요

**156 퀴즈 착각해서 그래요 퀴즈 ❸**
'사슴 주의'라는 표지,
일본의 사슴은 어느 쪽?

## 제5장 있었어요
~거짓말로 여겨졌던 동물의 발견 이야기~

**158 오리너구리**
지어낸 이야기로 오해받았어요

**160 코모도왕도마뱀**
전설의 용이라고 떠들썩했어요……

**162 자이언트판다**
신종으로 좀처럼 인정받지 못했어요……

**164 피그미하마**
실제로는 없는 동물로 여겨졌어요

**166 사불상**
한 번 멸종됐다고 여겨졌던 귀한
동물이에요

**168** 앞으로도 '난 억울해요!'는 계속됩니다!

**170** 색인

# 이 책을 보는 법

### 재현 일러스트
동물의 호소를 일러스트로 그렸습니다.
1장은 '오해받는 가짜 모습'
2장은 '의외의 진짜 모습'
3장은 '오해로 이름이 붙여진 배경' 또는 '이름과 관련된 배경'
4장은 '공룡에 대한 오해와 관련된 배경'
이 각각 그려져 있습니다.

### 증언자
오해를 호소하는 동물입니다.

### 기초 지식
증언자에 대한 자료입니다.
[주된 크기 표시법]
**전체 길이** : 머리에서 꼬리(꼬리지느러미) 끝까지의 길이
**몸길이** : 꼬리(꼬리지느러미)가 붙어 있는 부분까지의 길이
**몸높이** : 섰을 때 지면에서 어깨까지의 길이
**등딱지 폭** : 등딱지의 폭
**등딱지 길이** : 등딱지의 길이

### 오해 레벨
그 동물이 어느 정도 오해를 받았는지 표시합니다.
☆이 많을수록 자주 오해를 받았다는 의미입니다.

### 결론
동물의 호소를 정리해 놓았습니다.

# 등장인물

## 캡

토끼귀 신문사의 캡틴. 베테랑 기자답게 생물에 관해 의외로 빠삭하다. 말장난을 좋아하는 게 옥에 티.

## 우사미

신입 기자. 호기심이 많지만 너무 확신하며, 토끼는 먹지 못하는 인간의 음식도 먹는다.

## 동물들

인간이 오해하고 있는 것을 바로잡거나, 의외인 모습을 알려 주거나, 착각으로 이름이 붙여진 에피소드를 얘기하거나 한다……. 오해, 얼마나 알고 있을까?

증언자
# 백상아리 씨

사람을 노리고 습격한다고 알려졌지만……

인간 아주 좋아 ♥

# 인간을 좋아하는 게 아니야!

**백상아리 기초 지식**
- 분류: 연골어류 악상어목
- 분포: 전 세계의 따뜻한 바다
- 크기: 전체 길이 6m

오해 레벨

제1장 거짓말이에요 ~그 오해, 또!~

백상아리: 내가 억울한 이유는 **물범을 제일 좋아하는데 사람을 노리고 습격한다고 여겨져서**야! 그 때문에 매일 기분이 최악이라고!

캡: 그렇습니까? 시속 50킬로미터로 다가와 예리한 이빨과 강한 턱으로 사람을 습격하는 게 아니었나요?

백상아리: 먹잇감을 노릴 때는 그렇지만……. **딱히 사람을 적극적으로 노리고 싶은 건 아니**라고.

우사미: 그래도 영화에서는 사람을 엄청 습격하잖아요!

백상아리: 영화 탓에 무서운 이미지가 생겼지. 하지만 처음에 말했던 것처럼 **내가 좋아하는 건 물범과 바다사자**야.

우사미: 그럼, 좋아하지도 않는 사람을 습격하는 건 어째서인가요?

백상아리: 사람이 첨벙첨벙 헤엄치고 있으면 **물범 같은 먹잇감과 비슷해서** 습격하는 거라고. 그럴 때 피 냄새를 맡거나 선명한 색을 보면 흥분하고 마는 거지.

캡: **사람을 노렸던 건 아니**군요. 앞으로는 사람들 앞에서 "상아"색 이빨을 조심해 주세요.

**결론**

사람을 습격하는 경우는 물범과 혼동하거나, 피 냄새 또는 선명한 색 때문에 흥분했을 때뿐이에요!

증언자
# 피라냐 씨

어쨌건 사나운
'아마존의 식인 물고기'?
✗

## 실은 꽤나 겁쟁이예요……

오해 레벨
★★★★★

**피라냐 기초 지식**
- 분류: 경골어류 잉어목
- 분포: 남아메리카(아마존강·오리노코강)
- 크기: 몸길이 25~40cm

## 제1장 거짓말이에요 ~그 오해, 또!~

저 구석에 있는 건……. 꺅! **아마존의 사나운 식인 물고기**, 피라냐 씨! 그런데, 벌벌 떨고 계시네요.

우사미

피라냐

마, 맞아요. 저, **혼자면 불안해할 정도로 겁쟁이**예요. 그래서 항상 무리로 다니죠.

거짓말입니다. 당신은 떼로 몰려다니면서 강에 들어온 동물을 습격해 눈 깜짝할 사이에 뼈만 남기죠. **칼 같은 이빨이 사납고 위험한 물고기라는 증거**입니다!

캡

피라냐

아, 아니에요. 동물이 강에 들어오면 우리가 **무서워서 혼란에 빠진 채 도망쳐요**.

에? 그럼, 강에 들어온 동물도 당신들도 혼란에 빠진다는 건가요? 그래도 습격하잖습니까?

캡

피라냐

그건……. **피 냄새를 맡으면, 무리 안에서 정신을 못 차린 녀석이 무심코 깨물고 마는** 거예요. 하지만 그 장소를 벗어나면 쫓아가지 않아요.

그럼 보통은 습격하지는 않는다는 것이군요.

캡

피라냐

저보다 큰 동물의 경우에는 그렇지만요. **작은 동물 또는 죽기 직전이면 맛있게 먹죠……**. 씨익!

꺄악, 방금 저를 보고 씨익했어요, 으아~!

우사미

**결론**

혼자 못 있을 정도로 겁쟁이인 물고기지만, <u>피 냄새를 맡으면 일부가 흥분해 공격해요</u>. 큰 동물은 습격하지 않지만 작은 동물은 먹죠.

17

증언자
**원앙** 씨

항상 부부 사이가 좋아 함께라고 하지만……

쭉 함께야

'원앙 부부'라고 할 순 없어요……

오해 레벨

원앙
기초 지식

분류 조류 기러기목
분포 동아시아
크기 전체 길이 41~51cm

## 제1장 거짓말이에요 ~그 오해, 또!~

**원앙**: 인간은 **사이좋은 부부를 '원앙 부부'라고** 하잖아요. 그거, 엄청 곤란하다고요.

**우사미**: 어라? 원앙 사이라고 하면 **암컷과 수컷이 언제나 사이좋은** 이미지인데요.

**캡**: 게다가 수리매 등의 천적이 습격해 왔을 때 수컷이 암컷을 지키죠. 그야말로 '원앙 부부'!

**원앙**: 암컷과 항상 같이 있는 건 **짝짓기를 못한 수컷에게 암컷을 뺏기지 않기 위함이에요.** 목숨 걸고 지키는 것도 모처럼 짝 지은 암컷을 잃지 않기 위함이죠.

**캡**: 응? 알콩달콩한 것 아니었나요?

**원앙**: 같이 있는 건 **암컷이 알을 낳을 때까지만**이에요. 알을 덥히고 새끼를 기르는 건 하지 않아요. 심지어 곧 **다른 암컷에게 고백한다니까요.**

**우사미**: 아아아, 제 원앙 부부 이미지가…….

**원앙**: 사람이 멋대로 만들어 낸 이미지예요. **중요한 건 자신의 자손을 많이 남기는** 거죠. 그 때문에 우리들은 매년 사랑하는 상대를 바꿔요.

**캡**: 크흠~. 원앙을 오해했군요! "원망"스럽네요.

**결론**: '원앙 부부'인 건 **암컷이 알을 낳을 때까지만이에요.** 그 이후는 수컷이 새끼를 돌보지 않고 사랑하는 상대를 매년 바꾼답니다.

거짓말이에요 인정

# 증언자
## 점박이하이에나 씨

먹잇감을 가로채는 비겁한 동물······?

## 실은 사냥을 잘해!

오해 레벨
★★★★★

점박이하이에나
**기초 지식**

- **분류** 포유류 식육목
- **분포** 아프리카(적도 부근의 열대 우림을 제외한 사하라 사막 이남)
- **크기** 몸길이 95~166cm

제1장 거짓말이에요 ~그 오해, 또!~

**캡:** 오호, 다른 동물의 먹잇감을 가로채는 비겁한 분께서 어떤 걸 호소하고 싶으신지?

**점박이하이에나:** 있지, 있지! 가로채기는커녕 무리로 협력해 열심히 누나 영양을 사냥한다고.

**우사미:** 에~진짜? 그럼 왜 가로채거나 다른 동물이 먹고 남긴 걸 먹는 거야?

**점박이하이에나:** 먹잇감을 잡아도 사자처럼 크고 강한 동물한테 뺏겨서…….

**캡:** 먹고 남긴 게 아니라 실은 신선한 고기를 먹고 싶은 건가요?

**점박이하이에나:** 당연하지. 이빨이랑 턱이 튼실해서 먹고 남은 것도 뼈째로 먹을 순 있지만 말이야…….

**우사미:** 어쩔 수 없던 거군요. 힘드시겠어요.

**캡:** 여기서 오해를 풀어 다행입니다. 아내분과 사냥해서 아이들에게 맛있는 고기를 먹여 주시길!

**점박이하이에나:** 아내라니……. 나 암컷이야. 하이에나는 수컷과 암컷이 구분하기 힘들 정도로 똑 닮았지.

**캡:** 앗, 그것도 오해였군요. 실례했습니다!

**결론**

하이에나는 무리로 사냥해요. 하지만 먹잇감을 큰 동물에게 빼앗겨 어쩔 수 없이 가로채거나 먹고 남긴 것을 먹죠.

증언자

소 씨

붉은 천으로 투쟁심을 자극한다고?

두두두두둑

붉은색에 흥분하는 게 아니야

오해 레벨 ★★☆☆☆

소 기초 지식
- 분류: 포유류 소목
- 분포: 스페인 남부의 재래종
- 크기: 체중 500~700kg (5살 이상)

## 제1장 거짓말이에요 ~그 오해, 또!~

소: 음메~. 드디어 내가 오해받았다는 걸 말할 수 있겠어. 스페인의 '투우'라고 알고 있어?

캡: 투우사가 **붉은 천을 펄럭펄럭 흔들어, 거기에 흥분해 돌진하는 소와 싸우는 경기** 아닌가요?

소: 음메~. 그거야 그거. 실은 나, **붉은색에 흥분하는 게 아니라고~**. 왜냐하면 내 눈은 색을 거의 구분할 수 없는 걸~.

캡: 그랬군요. 색을 구분할 수 있는 건 사람이나 원숭이뿐이라고들 하지요.

우사미: 그래도 투우할 때 소는 천을 향해 돌진하는 거죠?

소: 눈앞에서 천을 흔들거나 뒤집으면, **무언가 이상한 게 있다고 생각해 화가 나** 투쟁심이 생기는 거라고~.

우사미: 그렇다면 천은 파란색이든 노란색이든 상관없다는 말씀이군요.

소: 아니~. 붉은색에도 의미는 있어~. **사람은 붉은색에 가장 흥분하는** 듯하니까~.

캡: 소가 아니라 사람을 흥분시키기 위한 것이었나요! 그래서 투우가 "음메~우" 흥분되는 것이었군요.

**결론**

투우 경기에서 소는 천의 붉은색에 흥분하는 것이 아닙니다. 붉은색에 흥분하는 건 사람 쪽이죠.

칼럼

**불사신**이라는 건 **거짓말이에요**

# 잘 죽지 않는 동물 좌담회

좌담회 참가자

큰심해모래무지벌레 씨

물곰 씨

작은보호탑해파리 씨

---

큰심해모래무지벌레

> 동물 중에는 마치 **불사신이 아닌가** 하고 여겨지는 동물도 있어요! 우리들이 그렇죠!

> 죽지 않는다고 여겨지는 것도 무리가 아니지. 왜냐하면 너는 **아무것도 먹지 않아도 살 수 있잖아.**

물곰

큰심해모래무지벌레

> 그래! 나는 **먹을 것이 적은 심해에 사니까 단식에 강하다고!** 일본 미에현 수족관에서 살던 건 거의 6년간 아무것도 안 먹고도 죽지 않았지!

> 대단해~. 그래도 죽긴 하네.

작은보호탑해파리

큰심해모래무지벌레

> 맞아! 수족관에서 살던 것도 죽었지! **수온 변화 등에도 약하다고!**

> 나도 자주 오해받지. 물이나 먹을 것이 없어도 죽지 않으니까.

물곰

큰심해모래무지벌레

> 물곰 씨는 생명력이 최강이죠. **150도의 고온이나 영하 150도의 저온에서도** 살 수 있잖아요!

제1장 거짓말이에요 ~그 오해, 또!~

## 우리들은 불사신
.... 이 아니야!

물곰

맞아. 공기가 없는 곳에서도 살 수 있지. 다른 동물은 죽을 법한 그런 장소에서도 **몸이 통 같은 모양이 돼서 가사 상태로 살아남을 수 있어.**

대단해~. 그래도 죽는구나.

작은보호탑 해파리

물곰

응. **보통 수명은 1개월에서 1년 정도밖에 안 돼.** 그렇게 말하는 작은보호탑해파리 씨는 다시 젊어질 수 있잖아.

맞아~. 어른이 되어 나이를 더 먹으면 **'폴립'이라는 아기 같은 상태로 돌아가. 그래서 수명은 없어.** 하지만…….

작은보호탑 해파리

큰심해 모래무지벌레

다른 동물에게 먹히면…….

맞아. 물론 죽지…….

작은보호탑 해파리

증언자
# 집고양이 씨

제일 좋아하는 건 생선이라고?

## 생선도 좋지만
## 고기가 더 좋아냥

집고양이
(재패니즈밥테일)
기초 지식

| 분류 | 포유류 식육목 |
| --- | --- |
| 분포 | 원산지 : 일본 |
| 크기 | 체중 약 4kg |

오해 레벨

제1장 거짓말이에요 ~그 오해, 또!~

집고양이: 내가 말하고 싶은 건, 실은 **생선이 아니라 고기를 더 좋아한다**는 거다냥.

캡: 엑, 그렇습니까?

우사미: 고양이라고 하면 생선을 **좋아하는** 게 아니었던 건가요?

집고양이: 실은 우리들의 선조는 원래 **사막 지대에서 쥐 같은 작은 동물을 사냥해 왔었다**냥. 게다가 **고양잇과의 대다수는 물가를 싫어한다**냥. 그래서 육식인 거다냥. 생선도 '생선 고기'는 좋아하지만······.

우사미: 그렇다면 물에 사는 물고기를 사냥할 일도 없겠네요. 어째서 고양이가 제일 좋아하는 건 생선이라는 이미지가 생겼을까요?

집고양이: 옛날에 일본인은 생선을 자주 먹었었다냥. 그래서 **사람과 함께 사는 고양이도 생선을 먹는 경우가 많아 생선을 좋아한다는 이미지가 돼 버린 거다**냥······.

우사미: **일본인이 기르면서 생선을 줬기 때문**이군요. 종종 고기를 먹인 나라는 어떤가요?

집고양이: 물론 그 경우에는 **고양이가 좋아하는 것도 고기가 당연하다**냥.

캡: 고양이가 쥐나 작은 새를 잡는 건 사냥 본능이었군요.

**결론**

고양이는 본래 사막에 살면서 쥐나 작은 새, 도마뱀 등의 <u>작은 동물을 사냥해 먹어 왔답니다</u>. 그래서 <u>생선보다 고기를 좋아하죠</u>.

증언자

# 자이언트판다 씨

대나무만 먹는다고? 아니거든~

## 저도 고기가 먹고 싶은걸요

오해 레벨 ★★★★☆☆

**자이언트판다 기초 지식**

- 분류: 포유류 식육목
- 분포: 중국
- 크기: 몸길이 120~150cm

제1장 거짓말이에요 ~그 오해, 또!~

자이언트판다: 저도 **고기를 엄청 좋아해요.** 고기 먹고 싶다고요.

우사미: **대나무랑 조릿대를 엄청 좋아하는** 게 아니었나요?

자이언트판다: 그렇게들 생각하죠~. 근데 아가씨, 대나무 좀 먹을래요?

우사미: 괜찮아요, 괜찮아요! 딱딱하고 섬유도 많아서 그런 건 먹을 수 없다고요.

자이언트판다: 그렇죠~. 저도 **원래 고기를 먹는 동물**이에요. 그래서 **대나무를 먹긴 해도 거의 소화되지 않아요.** 무리해서 먹다가 때때로 배도 아프게 되죠.

캡: 그렇군요. 자이언트판다 씨는 곰이었죠. 어째서 **소화할 수 없는 대나무를 먹는** 건가요?

자이언트판다: 곰처럼 강한 동물에게 서식지를 빼앗겨 산골짜기에 살게 됐어요. 그러다 정신을 차리고 보니 주변에 대나무뿐이더라고요. 그래서 **대나무를 먹는 개체만이 살아남게 됐다**는 거죠.

우사미: 그런 슬픈 사연이 있었군요……. 적어도 대나무를 먹어서 뭔가 도움 되는 게 있다면 좋을 텐데요.

자이언트판다: 대나무를 먹어서 **똥은 초록색에 좋은 향**이 나죠.

캡: 똥이라뇨! 그게 좋은 점인가요? "판단"은 여러분의 몫!

**결론**

자이언트판다는 원래 <u>고기를 좋아했어요.</u> 하지만 사는 곳에 <u>대나무가 많아 억지로 먹게 됐답니다.</u>

증언자

호랑이 씨

'고양이 혀'는 고양이만 그런 거 아니었어?

# 동물은 모두 '고양이 혀' 라고!

오해 레벨

**호랑이 기초 지식**

- 분류: 포유류 식육목
- 분포: 아시아 중부~남부
- 크기: 몸길이 140~280cm

제1장 거짓말이에요 ~그 오해, 또!~

호랑이
두툼한 고기는 먹고 싶어도, 뜨거운 고기는 먹고 싶지 않아…….

설마 '고양이 혀'인 건가요? 뭐, **호랑이도 고양이**긴 하지요…….

우사미

호랑이
맞아. 호랑이는 '고양이 혀'야. 그보다 **고양이뿐 아니라 동물은 모두 뜨거운 걸 잘 못 먹어.**

그래도 사람은 동물이지만 뜨거운 걸 잘 먹는 걸요?

우사미

호랑이
그건 **불을 사용해 조리한 걸 먹으니 뜨거운 것에 익숙해져서** 그래. 어린 아이는 뜨거운 걸 싫어하지. 너희들 토끼도 뜨거운 걸 꺼리는 고양이 혀잖아?

뜨거운 걸 먹은 경험이 없는지라 제 혀가 그런지는 몰랐군요……. 그나저나, 어째서 '고양이 혀'라고 부르는 겁니까?

캡

호랑이
정확하게는 모르지만, **사람이 예로부터 가까이서 길렀던 동물이 고양이라** 그렇게 불렀던 게 아닐까 싶군.

개도 길렀지만 '강아지 혀'라고 부르지는 않는걸요.

우사미

호랑이
개는 밖에서 길렀고, 고양이는 집 안에서 길렀지. **뜨거운 걸 싫어하는 모습이 밖에 있는 개보다는 집 안에서 길렀던 고양이에게 더 잘 관찰됐던** 게 아닐까 싶어.

결론

고양이뿐만 아니라 <u>모든 동물은 뜨거운 음식을 꺼리는 '고양이 혀'</u>랍니다.

**증언자**

# 멧돼지 씨

돌진은 직진으로만 할 수 있다고?

## 당연히 점프도 턴도 할 수 있어

**멧돼지 기초 지식**
- 분류: 포유류 소목
- 분포: 남극을 제외한 전 세계
- 크기: 몸길이 120~150cm

오해 레벨

제1장 거짓말이에요 ~그 오해, 또!~

멧돼지: 안녕! 너희들, '**저돌맹진(猪突猛進)**'이라는 말은 알고 있겠지!

캡: 갑자기 사자성어군요! 알고 있습니다. **멧돼지가 돌진하는 모습을 일컬어 '앞뒤 안 가리고 내지른다'**는 뜻이죠.

멧돼지: 그 말대로야! 하지만 이 몸은 그 속담 탓에 **점프나 턴을 못한다**고 여겨져 곤란하다고! 돌진해도 점프나 턴도 가능하지!

우사미: 설마 멈추거나 뒤로 돌아가는 것도 가능한 게 아닌지…….

멧돼지: 물론 가능하지!

우사미: 흐에에~, 산에서 갑자기 만나면 무섭겠어요~.

멧돼지: 무서운 건 이쪽이라고! 사람 등과 갑작스레 마주치면 **두려운 나머지 혼란에 빠져 돌진하고 마는** 거다!

캡: 그 돌진을 멈추는 건 불가능합니까?

멧돼지: 음. 우산을 눈앞에서 팡 하고 펼치면 돼. 시야가 가로막혀 두려운 나머지 **멈추거나 도망치게 되니까** 말이야!

캡: 직진밖에 못했다면 그렇게 움직일 수도 없겠군요.

멧돼지는 직진뿐 아니라 점프나 턴도 가능하고, 멈추거나 뒤로도 돌 수 있답니다!

33

증언자
# 카멜레온 씨

주변에 맞춰 색을 바꾼다고 생각했더니……

파아아아……
바스락 바스락

으음, 변신!!

## 기분에 따라 색이 바뀌는 거야

**카멜레온 기초 지식**
- 분류: 파충류 뱀목
- 분포: 마다가스카르 북부 등
- 크기: 전체 길이 37~52cm

오해 레벨
★★★★★

## 제1장 거짓말이에요 ~그 오해, 또!~

앗, 카멜레온 씨. 언제부터 여기 계셨나요?

**캡**

**카멜레온**
한참 전부터 여기 있었다고. 후후.

역시나 '동물계의 닌자'네요. 배경에 섞일 수 있게 몸 색깔을 바꾸는 게 마치 '색 변화 술법' 같아요.

**우사미**

**카멜레온**
그렇고 말고. 원하는 색으로 변하는 것뿐만 아니라 밝기에 따라 주변에 녹아들 수 있는 색으로 변하기도 하지.

'바꾸는' 것뿐만 아니라 '바뀌어 버리는' 겁니까?

**카멜레온**
게다가 기분에 따라 색이 좌우되기도 하지. 싸움에서 이기면 선명한 색으로, 지면 흐릿한 색으로……

알기 쉽군요~.

**캡**

**카멜레온**
그 밖에도 좋아하는 암컷 앞에서는 녹색에서 선명한 노란색으로 변해 어필하기도 하지. 후후.

기분을 감출 수 없는 거군요……. 하지만 그건 언제든 냉정하게 기분을 감추는 닌자와는 전혀 닮지 않았네요.

**우사미**

**카멜레온**
스스로를 '닌자'라고 부른 적은 한 번도 없네만…….

그 말투가 완전 닌자라고요. 이봐요!

**우사미**

**결론**

카멜레온의 색은 바꾸는 게 아니라 바뀌는 거랍니다. 기분에 따라서도 색이 바뀌죠.

거짓말이에요 인정

## 증언자 **인도코브라** 씨

뱀 부리는 사람의 피리 소리에 춤춘다고?

이 음색... 출출 수밖에 없잖아!

## 소리는 잘 못 알아들어!

오해 레벨

인도코브라 기초 지식

- **분류** 파충류 뱀목
- **분포** 파키스탄, 인도, 스리랑카, 네팔, 방글라데시
- **크기** 전체 길이 100~200cm

## 제1장 거짓말이에요 ~그 오해, 또!~

인도코브라

하아~, 뱀 부리는 쇼는 힘들군……. 나한테는 맞지 않는 걸지도 모르겠어.

쇼라니, 부리는 사람이 피리를 불면 **그 소리에 코브라 씨가 바구니에서 나와 춤추는** 걸 말씀하시는 건가요?

캡

피리 소리에 따라 춤춘다니, 재밌어 보이는데요.

인도코브라

뭐, 보는 쪽은 재밌을 테고 친구들 중에는 좋아서 하는 녀석도 있을지 모르겠지. 하지만 하는 쪽은 힘들다고. 애당초 그거, **소리는 못 알아들어.**

**소리가 들리지 않는다**고요?

우사미

인도코브라

땅으로 전해지는 소리(진동)는 잘 알아듣지만, **공기로 전해지는 소리는 알아듣지 못해.**

**피리 소리에 춤추는 게 아니면** 어째서 춤추는 건가요?

우사미

인도코브라

그것도 오해야. 부리는 사람이 피리를 불면서 피리를 움직이잖아. 내게는 그게 **먹잇감 또는 적으로 보이는 거야.** 그래서 머리를 들고 위협하거나 **공격하는 자세를 취하는 것뿐**이라고.

코브라 씨의 가장 큰 특징을 하나 "꼽으라" 하면 그 공격 자체겠네요.

캡

**결론**

코브라는 피리 소리에 춤추는 게 아니랍니다. 피리의 움직임이 신경 쓰여 반응하는 것이죠.

거짓말 이에요 인정

# 민달팽이 씨

증언자

소금을 뿌리면 녹아 없어진다고 하지만

## 녹지 않아. 쭈글쭈글해지지만······

**민달팽이 기초 지식**
- 분류: 복족류 병안목
- 분포: 한국, 일본 등
- 크기: 몸길이 약 6cm

오해 레벨 ★★★★☆

# 제1장 거짓말이에요 ~그 오해, 또!~

민달팽이: 있지, 있지. 말하고 싶어, 말하고 싶어. 들어 줘, 들어 줘~!

우사미: 민달팽이 씨, 들어 드릴 테니 진정하세요. 천천히 말씀해 주세요.

민달팽이: 나 있지, 있지. 소금을 뿌리면 어떻게 될 것 같아?

우사미: 음……. **녹는 거 아닌가요?**

민달팽이: 그렇게 생각하지, 하지만 안 녹아, 안 녹는다고! 오히려 **소금이 내 흐물흐물한 점액에 녹아 몸 주변에서 진한 소금물이 된다고.**

캡: 소금을 뿌려도 멀쩡한 거군요.

민달팽이: 하지만 원래 내 몸속에는 소금물이 약간 있어. 그런데 **주변에 높은 농도의 소금물이 있으면 몸에서 묽은 소금물이 점점점점점점점점 빠져나오는 거야.**

캡: 즉, **몸속의 수분이 빠져나와…… 흐물흐물해지는** 거군요!

민달팽이: 맞아, 맞아. 잔뜩 뿌리면 죽지만, 적은 양이면 죽지 않아. 물을 뿌리면 원래대로 돌아올 수 있어! 이거, 설탕이든 후추든 소금처럼 많이 뿌리면 마찬가지, 마찬가지야! **녹는 게 아니라 쭈그러들고, 쭈그러드는 거라고!**

우사미: 녹는 건 아니지만 조미료에 약한 듯하군요…….

**결론**

민달팽이는 <u>소금에 녹는 게 아니라 수분이 빠져나가 쭈그러드는 거랍니다.</u>

거짓말이에요 인정

# 속고 있다고요! 좌담회
**오히려 거짓말이에요!**

좌담회 참가자

마타마타거북 씨

주머니쥐 씨

대벌레 씨

마타마타거북
> 오늘은 '거짓말을 하는 동물'의 대표로 우리가 모였어. 뭐, 사기 비슷한 걸 치는 동물이라고 할 수 있지.

주머니쥐
> 사기라니, 사기는 나쁜 거잖아?

마타마타거북
> 생존을 위한 사기는 괜찮지. 주머니쥐 씨, 당신 어떤 사기꾼이야?

주머니쥐
> 우리는 적에게 습격받았을 때 **죽은 척으로 자신의 몸을 지켜.**

마타마타거북
> 죽은 척하면 먹히지 않는 거야?

주머니쥐
> 역시나 사체를 좋아하는 녀석은 없잖아. 참고로 **사체 비슷한 냄새를 뿜는** 녀석도 있어!

마타마타거북
> 냄새까지! 대단해~. 실력 좋은 연기자구만!

# 제1장 거짓말이에요 ~그 오해, 또!~

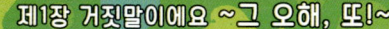

**마타마타 거북** / **주머니 쥐** / **대벌레**

우리들은 **동물계**의 **닌자**일지니……!

둔갑술! 낙엽 속 숨기!!
둔갑술! 나뭇가지인 척하기!
둔갑술! 죽은 척하기!
번뜩
풀풀~
나뭇가지인가

---

나는 보이는 바와 같이 **나뭇가지로 변장**하지. 변장하면 새 같은 적들에게도 눈에 잘 띄지 않아.

대벌레

그렇군. 너희들 약해서 그런 사기를 치는 거였군.

아까부터 뭐야, 잘난 척하고.

주머니쥐

마타마타거북
나는 너희들과는 달라. 강하기 때문에 **낙엽이나 바위에 섞여 몸을 숨기지**. 그리고 **무심코 가까이 온 동물을 딱 먹어 치우는** 거지!

"거북"하네~.

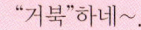

마타마타거북
너희도 숨어 있다가 먹어 치우도록 하지. 크흐흐……

어휴, "거북"하다~. 정말~.

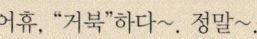

증언자
# 개복치 씨

잘 죽는 '가장 약한 물고기'라고?

## 그런 소문 너무하다고~!

**개복치 기초 지식**

- 분류: 경골어류 복어목
- 분포: 전 세계의 온대~열대 바다
- 크기: 몸길이 3m

오해 레벨

제1장 거짓말이에요 ~그 오해, 또!~

개복치

'잠깐 수영하고 사망', '기생충을 잡기 위해 점프하다 수면에 부딪혀 사망', '태양빛을 쬐면 사망', '자다가 암석에 부딪쳐 사망'…….

개복치 씨? 에? 에? 중얼중얼 무슨 말씀하시는 거예요?

우사미

개복치

'먹은 물고기 뼈가 목에 걸려 사망', '물거품이 눈에 들어간 스트레스로 사망', '피부가 약해 상처로 사망'…….

사망, 사망이라니 엄청 무서워요! 무슨 일이에요?

우사미

개복치

전~부 인터넷에 떠도는 우리가 죽는 원인이야……. **대부분 유언비어**지만…….

사실이라면 너무 약하군요. 진작 멸종했겠죠.

캡

개복치

스트레스에 약해 수족관에서 사육하는 게 어렵다거나 하는 약한 면도 있지만……. **이야기를 너무 부풀렸다고**…….

3억 개의 알을 낳는다고 합니다만, 그중에 겨우 살아남은 개체니 간단히 죽지는 않겠지요.

캡

개복치

들어 준 답례로 재밌는 이야기를 하나 하자면, **어린 개복치는 무리를 짓는 경우가 있어.**

개복치 무리……. 그 광경 뭔가 엄청날 것 같아요!

우사미

**결론**

개복치가 쉽게 죽는다는 이야기의 대부분은 인터넷상에 퍼진 유언비어랍니다. 주의하세요!

## 증언자
# 붉은바다거북 씨

출산의 고통으로 눈물을 흘리는 감동스러운 장면?

## 엣? 눈물?
## 아아, 염분이야

| 붉은바다거북 기초 지식 | 분류 | 파충류 거북목 |
| --- | --- | --- |
| | 분포 | 태평양, 대서양 등 |
| | 크기 | 등딱지 길이 70~100cm |

오해 레벨

## 제1장 거짓말이에요 ~그 오해, 또!~

**붉은바다거북**: 드디어 내 차례가 왔군.

**우사미**: 붉은바다거북 씨! 저 당신 팬이에요. 텔레비전에서 봤는데요, **밤에 바다에서 모래사장으로 올라와 눈물을 흘리며 알을 낳는** 모습! 감동적이었어요!

**붉은바다거북**: 후~, 그것에 대해서 말하러 왔어. 있지, 감동했다면 미안하지만 그건 **눈물이 아니야.**

**우사미**: 윽! 산란의 고통으로 인한 눈물……이 아니면, 뭔가요?

**붉은바다거북**: **염분을 머금은 액체**야. 우리들은 보통 염분을 섭취하기 위해 바닷물을 마셔. 그때 **마신 바닷물에 포함된 여분의 염분이 눈에서 나오는** 거야.

**우사미**: 그런, 어째서 알을 낳을 때 그렇게 헷갈리는 짓을 하는 거예요!

**붉은바다거북**: 어허, 오해하지 마. 알을 낳을 때만 그러는 게 아니야. **바닷속에 있을 때도 항상 염분을 내보낸다고.**

**캡**: 바닷속에선 염분을 눈물처럼 흘려도 보이지 않으니까 아무도 눈치 채지 못했군요. "거북"했겠어요.

**붉은바다거북**: 말장난 센스가 최악이라 염분 말고 진짜 눈물이 날 것만 같군.

**결론**

붉은바다거북이 눈에서 흘리는 눈물 비슷한 것은 바닷물을 마신 후 남은 여분의 소금기랍니다.

**증언자**

# 스컹크 씨

스컹크는 강렬한 방귀로 적을 도망치게 한다?

✗

뿌우웅

## 위험할 때 내뿜는 건
## 방귀가 아니야

**스컹크**
(얼룩스컹크)
**기초 지식**

■ 포유류 식육목
■ 분포 북아메리카~중앙아메리카
■ 몸길이 24~34cm

오해 레벨

**제1장 거짓말이에요 ~그 오해, 또!~**

스컹크: YO! YO! 가 아니라 YO! YO! YO! 가 아니라 YO!

우사미: 경쾌한 리듬으로 스컹크 씨 등장!

스컹크: Hey! 나, 스컹크, 장기는 랩~. 엉덩이는 힙, 힙에서 나오는 건 방귀, 뿌우~.

우사미: 스컹크라고 하면 역시 **적도 공포에 떠는 지독한 방귀**죠.

스컹크: YO! YO! 그건 착각! 나는 엉덩이의 냄새샘, 거기서 지독한 액체를 내뿜지! 덤벼드는 적도 도망, 무사, 종전! yeah!

캡: 으음……, 스컹크의 엉덩이에는 냄새샘이라는 것이 있는데, 거기서 지독한 액체를 내뿜어 적을 쫓고 몸을 지킨다. 이렇게 정리할 수 있겠군요.

우사미: 방귀가 아니었구나…….

스컹크: Hey! 참고로 미니미니, 몸이 작은, 미니 사이즈인 우리들 얼룩스컹크! 액체를 내뿜을 때 물구나무서지만, 다른 스컹크, 물구나무서지 않아 yo! yeah!

우사미: 랩, 번잡스러워요.

캡: 엉덩이를 "펑크" 내고 싶네요.

**결론**

스컹크가 적으로부터 몸을 지키기 위해 내뿜는 지독한 냄새는 방귀가 아니라 액체랍니다.

증언자
# 저녁매미 씨

매미의 수명은 고작 1주일이라고 하지만······

## 유충 시기를 감안하면
### 꽤 장수한다고!

**저녁매미 기초 지식**
- 분류: 곤충류 노린재목
- 분포: 동아시아
- 크기: 몸길이 32~39mm

오해 레벨

★★★★★

## 제1장 거짓말이에요 ~그 오해, 또!~

저녁매미

맴맴맴……. 매미는 일주일 안에 죽는다고 하지만, 실은 꽤 장수한다는 거 알고 있어?

그래요? 8일이나 10일 정도 아닌가요?

우사미

저녁매미

아니아니, 좀 더 맴~. 새 등의 적에게 습격당하지 않으면 **성충이 된 후 3주~한 달**은 왕성하게 운다맴.

알고 있는 것보다 3~4배는 오래 사는 거군요. 음? 성충이 된 후……라고 하면 유충 시절은요?

캡

저녁매미

맴맴맴……. **유충은 6년 정도 땅속에서 자라지.** 그 밖에도 북아메리카에 사는 17년매미의 유충은 알로부터 17년 후에 성충이 된다고!

17년이요? 토끼가 3년 정도니, 우리들보다 오래 사는 거군요! 그것은 특별한 경우라고 쳐도, **매미의 수명은 꽤나 길다**고 할 수 있겠군요. 오해했습니다.

캡

저녁매미

아, 내가 말하고 싶었던 건 수명이 아니야. 저녁매미는 **이름처럼 저녁에 운다고 생각하겠지만, 해가 떴을 때도 운다**맴.

저녁매미가 아침에 우는 걸 들은 적이 있으니 놀랍진 않네요. 수명이 긴 걸 말하러 온 걸로 치죠!

우사미

결론

매미의 수명은 유충 시절을 포함하면 2~6년 이상입니다. 개중에는 17년이나 사는 종도 있어요!

증언자

# 큰곰 씨

곰과 마주쳤을 때는
죽은 척 하면 OK?

## 말도 안 돼! 그건 엄청 위험해

오해 레벨
★★★★☆

큰곰 기초 지식

| 분류 | 포유류 식육목 |
| 분포 | 아메리카 북부, 유럽 서부, 아시아(중동~중국, 러시아, 일본) |
| 크기 | 몸길이 100~280cm |

## 제1장 거짓말이에요 ~그 오해, 또!~

꺅! 곰이야! 죽은 척 해야겠어!

우사미

큰곰

잠깐 기다려. 나를 만났을 때 '죽은 척하면 도망칠 수 있다.'고 하는데, 그거 위험하다고~. 왜냐하면 나는 죽은 동물도 먹거든.

그렇군요……. 하면 안 되는 행동이었군요.

캡

큰곰

그래그래. 진짜 죽었는지 확인하려고 긁거나 발톱으로 할퀴기도 해.

으으으~, 그럼 어떻게 하면 되죠? 나무에 오르면 도망칠 수 있다는 이야기도 들은 적 있는데요.

우사미

큰곰

나는 나무를 오르는 것도 특기야. 그리고 말이지, 전력으로 도망치면 쫓아가고 싶어져. 시속 60킬로미터로 달릴 수 있으니 일단 도망칠 수 없다고 할 수 있지.

죽은 척도 나무 오르기도 안 된다니, "곰곰"이 생각해도 다른 방법이 안 떠올라요. 마주쳤을 때 어떻게 하면 좋을까요?

캡

큰곰

그렇군. 이쪽도 습격하고 싶은 건 아니니까 마주치지 않는 게 제일이지. 그러니 소리 나는 것을 들고 '여기에 있다'고 알려 줬으면 해. 만약 마주치면 눈을 바라보지 말고, 등을 돌리지 말고, 조용히 벗어났으면 좋겠어.

**결론**

곰은 죽은 동물도 먹기 때문에 죽은 척은 절대 하면 안 돼요!

거짓말이에요 인정

51

## 증언자 낙타 씨

낙타의 혹에는 물이 저장되어 있다?

저 혹 속에는 물이 들어 있는 게 아닐까……?

## 혹 속에는 지방이 있어!

**낙타**
(쌍봉낙타)
**기초 지식**

- **분류** 포유류 소목
- **분포** 중앙아시아
- **크기** 몸길이 300cm

오해 레벨

## 제1장 거짓말이에요 ~그 오해, 또!~

**낙타:** 내 혹에는 물이 아니라 **지방**이 들어 있어~.

**캡:** 낙타 씨는 물이 적은 사막에서 생활하죠. 그래서 물이 들어 있지 않을까 하고 생각했네요.

**우사미:** 그럼, 그 지방은 어떤 도움을 주는 건가요?

**낙타:** 으음. 혹 속의 지방은 50~60킬로그램이나 돼. **사막은 먹을 게 적으니 배고플 때 혹을 양분으로 삼는 거야~.**

**우사미:** 지방을 다 쓰면 혹이 없어지는 거예요?

**낙타:** 없어지진 않지만 영양분을 보충하지 않으면 혹이 점점 작아져 납작해진다고~. 참고로 **물도 거의 마시지 않고 지낼 수 있지만 오줌을 거의 누지 않게 돼~.**

**우사미:** 물을 절약하는 구조가 몸에 갖춰져 있는 거군요.

**낙타:** 그 밖에도 **한 번에 80리터나 되는 대량의 물을 마시거나 혈액 속에 수분을 저장**할 수 있어~.

**캡:** 여러 방면에서 궁리해 사막에서 살 수 있는 것이군요. 사막에서 낙타를 "막 타"면 안 되겠네요.

**결론**

낙타의 혹에는 지방이 저장되어 있답니다. 배고플 때는 이 지방을 영양분으로 삼죠.

거짓말이에요 인정

## 증언자
# 아메리카너구리 씨

물이 있으면 먹이를 씻는 아메리카너구리……?

웃아아아앗
깨끗이 씻어야지!
첨벙첨벙

# 그거,
# 야생에서는 그렇지 않아

오해 레벨
★★★★★

**아메리카너구리 기초 지식**

- 분류: 포유류 식육목
- 분포: 북아메리카(캐나다 남부)~중앙아메리카
- 크기: 몸길이 41~60cm

## 제1장 거짓말이에요 ~그 오해, 또!~

아메리카너구리

학명부터 잘못됐다고!

우왓, '동물계 깔끔이'라고 불리는 아메리카너구리 씨가 화가 나 있어요! 무서워요!

우사미

아메리카너구리

당연하지! '씻는 너구리(학명 procyon lotor는 '씻는 곰'이라는 의미)'라고 부르는 게 어디 있어! **손으로 씻는 행위를 하는 건 사육되는 녀석들뿐**이라고. 야생에선 그런 거 안 해.

하지만 야생에서도 강에서 물고기를 잡을 때, 손을 맞잡고 비비는 걸 본 적이 있습니다만.

캡

아메리카너구리

아아, 그거 말이지. 물고기를 엄청 좋아해서 말이야. 강 속에서 손을 비벼 먹잇감을 찾는 거야. **그 광경이 손을 씻는 것처럼 보이는 거겠지.** 켁! 애당초 야생에서 한가하게 손을 씻고 있으면 누군가에게 먹잇감을 빼앗길 게 뻔하잖아.

그러면 사육되는 아메리카너구리는 왜 그러는 건가요?

우사미

아메리카너구리

알 게 뭐야. 난 사육된 적 없단 말이지. 뭐, **배고프지 않을 때만 하는 듯하니,** 물고기를 잡을 때 손을 비비는 움직임이 사육당하는 스트레스로 남은 걸지도 모르지……. 그러니까, 학명은 '씻지 않는 너구리'로 해 달라고.

"너~무" 닦달하는 모습 "구리"다고요.

캡

결론

야생의 아메리카너구리는 강에서 먹잇감을 찾는 듯 손을 움직이지만, 먹잇감을 씻는 행동은 하지 않는답니다!

증언자 **흡혈박쥐** 씨

박쥐는 다들 피를 빠는 거 아니냐고 생각하지?

잘 먹겠습니다

음메!

키킥 키킥

덥석

# 피를 빠는 종은 매우 드물어!

**흡혈박쥐 기초 지식**
- 분류: 포유류 박쥐목
- 분포: 중앙·남아메리카
- 크기: 몸길이 7.5~9.5cm

오해 레벨

제1장 거짓말이에요 ~그 오해, 또!~

흡혈박쥐

아가씨, 난 흡혈박쥐라고 해.

으, 흡혈박쥐라고 하면 피를 빠니까 무서워요.

우사미

흡혈박쥐

훗훗. '모든 박쥐를 무서워하진 마.'라고 말하러 왔지. 대부분은 과일 등을 먹는 큰박쥐류, 곤충 등을 먹는 소형 박쥐류라고.

잠깐만요. '대부분'이라는 말씀은, 일부 박쥐는 역시 동물의 피를 빠는 겁니까?

캡

흡혈박쥐

훗훗……. 당신, 중요한 점을 짚었어. 약 1,000종의 박쥐 중 3종은 동물의 피를 빨아 영양분으로 삼고 있지!

싫어~! 역시 엄청 무서워!

우사미

흡혈박쥐

훗훗훗……. 하지만, 피를 빤다고 해도 예리한 앞니로 피부에 상처를 내고 흘러나온 피를 핥는 정도야.

핥는 정도구나. 심한 짓은 하지 않아 다행이네요.

우사미

흡혈박쥐

너무 핥다가 몸이 무거워져서 날지 못하는 녀석도 있지. 그리고 광견병 등 위험한 병원균을 옮기는 경우도 있어…….

싫어~! 역시 진짜 무서워!

우사미

결론

피를 빠는 박쥐는 몇 종류 되지 않아요. 또, 피를 빨기보다는 피를 핥죠.

거짓말이에요 인정

57

## 칼럼

### 다른 동물이라는 건 거짓말이에요!
# 실은 같은 종 좌담회

좌담회 참가자

돌고래 씨

매 씨

왈라비 씨

---

동물은 부르는 이름은 달라도 생물학적으로는 **차이가 없는 것들**이 많아. 나도 그중 한 종이야.

왈라비

매: 왈라비 씨는 누구와 같은 동물인가?

겉모습으로도 알 수 있겠지만 캥거루 씨야. **작은 게 왈라비, 중간이 왈라루, 큰 게 캥거루**지. 크기만 다를 뿐이야.

왈라비

오오, 그거라면 우리도 마찬가지야. 고래와 같은 종이지. **몸이 큰 게 고래, 작은 게 돌고래**야.

돌고래

매: 생김새를 비교해 보면 전혀 다른 동물로 보이지만 말일세.

역시 크기로 나누는 거지. **4미터 정도의 크기는 돌고래, 그 이상은 고래**야. 다만 이것도 대충 재는 방식이라 돌고래보다 작은 고래도 있고, 고래보다 큰 돌고래도 있어.

돌고래

제1장 거짓말이에요 ~그 오해, 또!~

향유고래

크다

큰돌고래 작다

참수리 크다

작다 작다 크다

참매 왈라비 캥거루

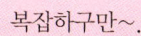
복잡하구만~.

왈라비

매

복잡한 거로 치면 이 몸 매와 독수리도 지지 않네. **큰 게 독수리, 작은 게 매**라네. 하지만 사실 엄밀한 차이가 없고 모두 매목에 속하는 새일세.

매

게다가 이 몸 **매도 독수리에 버금가는 크기를 지닌 녀석이 있고, 독수리 중에 매보다 작은 녀석도 있지.** 어떤가, 이 매의 복잡함이!

역시 같은 종이라는 것도 복잡하지만, 아까부터 자기를 '이 몸'이라고 부르는 거 안 이상해?

돌고래

매

이 몸은 "매~우" 고귀해서 말이지.

증언자
# 왕아르마딜로 씨

아르마딜로는 다들 몸을 둥글게 마는 거 아니야?

## 아르마딜로 일족 비기

왕아르마딜로
브라질 세띠아르마딜로
애기아르마딜로

### 둥글게 말기!!!

둥글게 말 수 있는 건
브라질 세띠아르마딜로 뿐

오해 레벨
★★★★★

왕아르마딜로 기초 지식
- 분류: 포유류 빈치목
- 분포: 남아메리카(아르헨티나, 파라과이)
- 크기: 몸길이 75~100cm

제1장 거짓말이에요 ~그 오해, 또!~

왕아르마딜로

이 몸 아르마딜로! 기사다!
이름이 '갑옷을 입은 사람'에서 유래한 기사지!

몸이 두꺼운 비늘로 덮여 있는 건 알겠는데요,
뭔가 '기사'라는 느낌은 들지 않는 걸요…….

우사미

왕아르마딜로

토끼인 네가 뭐라 생각하든, 아르마딜로는
갑옷을 두른 기사다!

으~음, 기사라고 하면 당당하게 싸우는 이미지입니다만,
당신들은 **적을 만나면 그저 몸을 둥글게 말아** 지킬
뿐이지요. 그래서 기사처럼 보이지는 않습니다만…….

캡

왕아르마딜로

그런 것도 있다! 공처럼 몸을 둥글게 말고
등의 딱딱한 비늘로 몸을 지키는 건
**브라질세띠아르마딜로**뿐이다!

아르마딜로는 모두 공처럼 몸을
마는 게 아니었나요?

우사미

그렇군요. 한 "마디로" 브라질세띠아르마딜로 씨는
아르마딜로에게 있을 수 없는 특징을 지녔던 것이군요.

왕아르마딜로

동료를 나쁘게 말하는 건 기사로서 용서할 수 없다!

그야말로 기사도 정신! 다시 봤어요, 아르마딜로 씨!

우사미

결론

몸을 공처럼 <u>말아</u> 지키는 건
아르마딜로 중에서도
<u>브라질세띠아르마딜로뿐입니다!</u>

61

**증언자**  **일본산양** 씨

날씬한 다리를 '*일본산양 같은 다리'라고 하지만……

*일본에서 일상적으로 사용하는 표현이다.

✗

## 실제 일본산양의 다리는 두꺼워

오해 레벨

| 일본산양 기초 지식 | 분류 | 포유류 소목 |
|---|---|---|
| | 분포 | 아시아 |
| | 크기 | 몸길이 105~115cm |

## 제1장 거짓말이에요 ~그 오해, 또!~

일본산양: 인간 여성이 <u>늘씬한 다리를 지녔을</u> 때 '일본산양 같은 다리'라고 칭찬하는 듯한데, 곤란하다고.

캡: 나쁘게 비유되는 것도 아닌데, 괜찮지 않습니까?

일본산양: 자 봐 봐, 내 다리. **두껍고 짧고, 튼실**하잖아.

우사미: 진짜다~. 힘 세 보여요!

일본산양: 험한 산에 살고 있으니 급경사나 벼랑을 달리기 위해서는 이 정도로 튼실한 다리가 아니면 안 되는 게 당연하지!

캡: 그럼 어째서 사람들이 일본산양 씨로 비유한 걸까요?

일본산양: 가젤 등의 '**영양**'이라고 불리는 우리 종의 다리는 <u>늘씬하고 길지</u>. 영양을 한자로 적으면 '羚羊'이고, **우리들 일본산양도 한자로 적으면 '羚羊'이야.**

캡: 그런, 똑같군요! 설마······.

일본산양: 그래. **영양의 다리와 착각한 걸지도** 모르지. 여러 설이 있는 듯하지만······. 그러니 '일본산양의 다리, 실은 두껍잖아.' 같은 소리를 들으면 엄청 민폐라고~.

**결론**

<u>일본산양의 다리는 두껍고 짧아요!</u> 다리가 늘씬한 <u>영양과 착각했을 가능성이 높답니다!</u>

63

증언자

# 두더지 씨

두더지는 태양 빛을 쬐면 죽는다?

눈부셔 어어어...

끼아아악!

털썩

## 그건 우연히 죽었을 뿐이야

오해 레벨

**두더지 기초 지식**
- 분류: 포유류 땃쥐목
- 분포: 한국, 일본, 중국
- 크기: 몸길이 12.6~14.3cm

제1장 거짓말이에요 ~그 오해, 또!~

> 항상 땅속에서 지내는 두더지 씨는 **태양 빛을 쬐면 눈부셔 죽는다**면서요?

우사미

두더지

> 우연히 생긴 소문이라는 게 참 무섭지. **그런 일은 절대 없지만** 말이야…….

> 하지만 밭 등에서 종종 지상에 나온 두더지가 죽어 있는 모습이 발견된다고 합니다만?

캡

두더지

> 우리들은 땅을 파기에 적합한 몸을 지녀 **땅 위에서는 잽싸게 움직일 수 없지.** 그때 고양이 등의 적에게 발견되면 **재빨리 도망치지 못해 죽임당하는** 거야…….

> 움직임이 둔해 손쉬운 먹잇감이 됐다는 거군요.

우사미

두더지

> 또, 3시간 동안 먹지 못하면 아사해 버려. 지상으로 나와 먹잇감을 먹지 못하면 죽는 경우도 있지. 밝아진 후 사체를 발견한 사람이 태양 빛을 쬐고 죽었다고 오해해 소문이 퍼진 듯해.

> 그렇군요. 땅속에서 사니 땅속에서 죽은 두더지는 보통 볼 수 없겠죠.

우사미

두더지

> 보이는 것만이 사실은 아니야.

> 두더지 씨에 대한 지식이 "두텁지" 않았네요.

캡

결론

> 두더지가 땅 위에 죽어 있는 건 우연히 적에게 습격당했기 때문이에요. 태양 빛을 쬐어도 죽지 않는답니다.

증언자
**올빼미** 씨

목을 360도 빙글빙글 돌릴 수 있다고?

## 당연히 360도는 돌릴 수 없어요!

오해 레벨 ★★★★☆

**올빼미 기초지식**
- **분류** 조류 올빼미목
- **분포** 유라시아
- **크기** 전체 길이 58cm

제1장 거짓말이에요 ~그 오해, 또!~

올빼미: 호~홋호! 내 이름은 올빼미, 평범한 새가 아니랍니다. 내 목은 돌아갈 수 있죠! 돌릴 수 있답니다.

우사미: 알고 있어요! **목을 360도 빙글빙글 돌릴 수 있잖아요!**

올빼미: 홋홋호, 그걸 말하러 왔습니다만, **과장**이랍니다. 그런 짓을 했다간 목이 부러지겠죠. 그렇다곤 해도 **좌우로 270도를 돌릴 수 있지만요.**

우사미: 270도도 대단해요! 어떻게 그렇게 할 수 있는 거죠?

올빼미: **비결은 목뼈의 수**예요! 포유류는 보통 7개지만, 저는 14개랍니다! 그만큼 목을 유연하게 움직일 수 있는 거죠.

캡: 어째서 그렇게나 목을 돌릴 필요가 있는 겁니까?

올빼미: 다른 새와 달리 눈이 정면에 있죠. **시야가 좁아 목을 잘 돌릴** 필요가 있는 것이랍니다.

우사미: 그러고 보니 다른 새들은 눈이 옆에 달려 있네요.

올빼미: 하지만 **두 눈이면 입체적으로 볼 수 있어 먹잇감까지의 거리도 정확하게 파악하고 노릴 수 있답니다.** 토끼 등의 먹잇감을……. 호~홋홋호!

캡: 먹이 사냥은 편하겠군요……라고 말하고 있을 때가 아니군요. 저희를 노리지 마세요!

**결론**

올빼미의 목뼈는 포유류보다 많아요. <u>360도는 돌릴 수 없지만 좌우로 270도까지 돌릴 수 있답니다.</u>

거짓말이에요 인정

# 증언자 벌레잡이통풀 씨

식충 식물은 벌레나 작은 동물이 필요하다고? ✗

## 사실 벌레를 먹지 않아도 살 수 있답니다!

**벌레잡이통풀 기초 지식**
- 분류: 속씨식물 끈끈이귀개목
- 분포: 동남아시아~호주
- 크기: 통의 길이: 보통 6~10cm

오해 레벨 ★★★★☆

## 제1장 거짓말이에요 ~그 오해, 또!~

식물은 태양 빛을 받아 영양분을 만들죠. 거기에 물과 이산화탄소와 비료도 필요해요. 하지만 **식충 식물은 동물이 주식**이죠. 가까이 가면 붙잡혀요.

우사미

벌레잡이통풀

그리고 소화액으로 녹여 흡수한다……. 그런 **착각이 있는** 듯하군요~.

아닌가요, 벌레잡이통풀 씨?

캡

벌레잡이통풀

뭐. **잎이 변화한 부분으로 동물을 붙잡긴 하죠.** 벌레잡이통풀은 액이 담긴 포충낭에 다리가 미끄러져 안에 들어온 벌레 등을 빠뜨려 소화시킨답니다.

그렇죠? 파리지옥 같은 식물은 잎을 감싸듯 닫아 잎에 갇힌 벌레를 놓치지 않고 붙잡잖아요.

우사미

끈끈이주걱의 경우에는 끈적끈적한 액체로 벌레를 움직이지 못하게 한 뒤, 붙잡고 소화시켜 버리죠.

캡

벌레잡이통풀

하지만 말이죠. 우리는 **비료가 적은 땅에서 자라기 때문에 부족한 영양분을 동물로 보충**하고 있을 뿐이에요.

반드시 동물을 섭취할 필요는 없다는 말씀이신가요?

우사미

벌레잡이통풀

그렇답니다. 벌레 없이도 살 수 있죠. 오히려 벌레를 너무 많이 먹으면 소화 불량을 일으켜 시들어 버리는 경우도 있답니다.

결론

벌레잡이통풀 등의 식충 식물은 벌레 등을 잡아먹지만, <u>반드시 벌레를 섭취할 필요는 없답니다.</u>

증언자

## 쏙독새 씨

낮에만 잘 보이는 눈을 '새눈'이라고 하지만······

## 대부분의 새는
## 밤에도 볼 수 있어요!

오해 레벨
★★★★★

**쏙독새**
**기초 지식**

| 분류 | 조류 올빼미목 |
| 분포 | 인도~유라시아 동부 |
| 크기 | 전체 길이 28~32cm |

제1장 거짓말이에요 ~그 오해, 또!~

쏙독새: 조류를 대표해 오해를 정정하고 싶은 게 있어요.

우사미: 으앗, 새 전체를 오해했던 게 있었나요?

쏙독새: 네. '새눈'은 어두운 장소에서 눈이 보이지 않는 걸 일컫는 단어이고, 새는 밤에 눈이 보이지 않는다고 여겨지고 있어요. 이거, 오해예요.

캡: 닭은 어두운 장소에서 눈이 보이지 않는 게 아닙니까?

쏙독새: 사람에게 사육되는 일부 새는 진짜 새눈인 경우가 있지만, 닭은 볼 수 있어요. 노, 야생에서 **대부분의 새는 어두워도 볼 수 있다고요!**

우사미: 그러고 보니, **올빼미나 부엉이는 밤에도 먹이를 찾죠!** 하지만 예외라고 생각했어요.

쏙독새: 저 역시 야행성으로, **어두워질 무렵에 먹이를 사냥**한답니다.

우사미: 어째서 '새눈'이라고 부르게 됐을까요?

쏙독새: 대부분의 새는 낮 시간에 활동하죠. **밤에는 쉬어서 사람이 새의 모습을 별로 보지 못했기 때문**일지도요.

캡: 일단 오해가 풀려 다행이군요. ("쑥덕쑥덕")

쏙독새나 올빼미 등 밤에 활동하는 새뿐만 아니라, 대부분의 새가 밤에도 눈이 보인답니다.

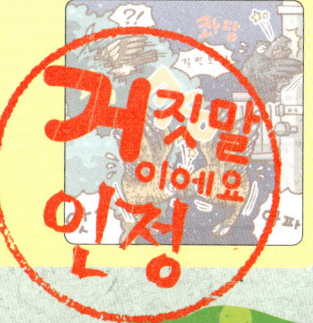

퀴즈

착각해서 그래요 퀴즈 ①

# 휘파람새는 어느 쪽?

A

B

### 문제

우사미

휘파람새라고 하면 초봄에 '호~호케오!' 하고 울면서 매화나무에 앉아 있는 이미지가 떠오르죠. **위 사진의 A와 B 중에 어느 쪽이 휘파람새인지 알겠나요?** 자주 헷갈려 하시더라고요.

### 정답

캡

A의 매화나무 위에 앉은 초록빛 새가 동박새군요. 자, 눈 주변이 하얗잖습니까? 그래서 '백안작(目眼雀)'이라고도 하죠. 따라서 **정답은 B의 수수한 갈색 새랍니다.** 휘파람새는 매화나무 위에는 거의 앉지 않아요. '*휘파람새 빵'에 옅은 초록빛 팥이 들어 있어 매화나무 위에 앉는 동박새를 휘파람새로 착각하는 사람이 많은 듯하군요.

정답 : B

*안에 초록빛 팥을 채운 일본의 팥빵

**증언자**

# 하마 씨

물가에서 한가로이 있지만······
**실은 엄청 난폭해요**

빠, 빨라!

두두두

아~, 영역에 들어오니까····

**하마 기초 지식**

**분류** 포유류 소목
**분포** 아프리카
**크기** 몸길이 280~420cm

오해 레벨

## 제2장 달라요 ~그런 이미지는 아닐지도?~

 하마
워워워, 우사미! 이 녀석, **이 몸의 영역에 멋대로 들어**오다니!

죄, 죄송해요! 저, 저희는 세간의 이미지와는 다른 동물을 취재하러 왔는데요…….
우사미

 하마
이미지라고? 나는 어떤 이미지를 갖고 있지?

몸집이 크고 **느긋하며 얌전히 지낸다고**.
 우사미

 하마
그건 뭐야! 장난치는 거냐?

입을 150도나 벌리며 위협하지 말아 주세요. 무섭군요!
 캡

 하마
이 몸은 말이지, **영역에 들어온 녀석을 절대 용서하지 않아**. 비록 악어 녀석들일지라도 가차 없다고. 하마들 사이에도 **영역을 다투다 상대를 죽이는 경우도** 있지!

하마 씨는 **난폭**했었군요…….
 우사미

 하마
아프리카에서는 매년 3천 명에 가까운 사람들이 우리들에게 공격을 받지. 도망쳐도 **시속 40킬로미터로 쫓을 수 있으니** 도망칠 수 없다고!

너무 무서워서 "하마"터면 말장난도 떠오르지 않을 뻔했네요.
 캡

**결론**

하마는 매우 <u>난폭해 영역에 들어오는 동물을 절대 용서하지 않는답니다</u>.

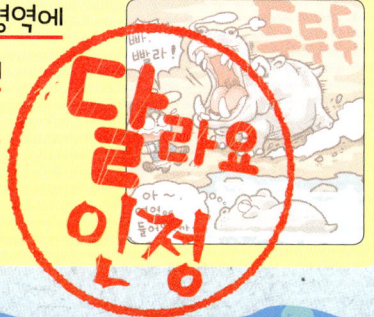

달라요 인정

75

## 제2장 달라요 ~그런 이미지는 아닐지도?~

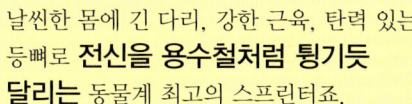

치타

수고 많으시네요, 저 같은 녀석을 취재하러 오시고. 저희 이미지가 오해투성이긴 하죠.

캡

날씬한 몸에 긴 다리, 강한 근육, 탄력 있는 등뼈로 **전신을 용수철처럼 튕기듯 달리는** 동물계 최고의 스프린터죠.

우사미

쫓기면 도망칠 수 없는, 그야말로 '가장 빠른 황태자'네요!

치타

빠르다는 이미지가 있긴 하죠. 빠르긴 빠르지만, **먹잇감을 쫓아도 곧 따라잡지 못하게 돼서**······.

캡

네? 최고 시속 110킬로미터로 달릴 수 있는데 어째서죠?

치타

**체력이 달려요.** 먹잇감인 스프링복 등은 시속 90킬로미터로 장거리를 달릴 수 있지만, 저는 **400미터 정도를 달리면 지쳐서 속도가 떨어지고** 말아요.

우사미

크, 큰일이네요.

치타

그렇죠. 그러니 사냥을 실패하는 경우가 많아요. 한심한 이야기지만요······.

캡

저희들 토끼는 시속 70킬로미터 정도로 달릴 수 있으니 놓"치타(쳤다)"고 아쉬워할 경우는 없겠군요.

**결론**

치타는 최고 시속 110킬로미터로 달릴 수 있지만 체력이 받쳐 주지 못해 400미터 이상은 빠르게 달릴 수 없답니다.

# 사자 씨

증언자

생태계의 정점
'백수의 왕'이지만……

## 사냥하는 건 암컷이에요

**사자 기초 지식**

- 분류: 포유류 식육목
- 분포: 아프리카
- 크기: 몸길이 140~250cm

오해 레벨

## 제2장 달라요 ~그런 이미지는 아닐지도?~

> 수컷 사자 씨, 갈기도 훌륭하고 멋져요~.

우사미

사자

> 아아, 나를 취재하러 온 게 너희들인가. 잠시만 기다려 줘. 곧 식사 시간이야.

> 사자는 1~3마리의 수컷과 1~5마리의 암컷, 그리고 그 자식들로 무리를 구성하죠.

캡

사자

> 잘 아는군. 이런 형태를 '프라이드(pride)'라고 하지. 고양이과 중 무리로 지내는 동물은 드무니까 말이야. 그건 그렇고 밥은 아직인가~.

> 네? **스스로 사냥하러 가는** 게 아니었습니까?

캡

사자

> 응? 그건 **암컷의 임무**라고~. 나는 프라이드에서 **식사 준비가 되는 걸 기다리지**.

> 이런! '백수의 왕'인 수컷이 사냥을 하는 줄로만 알았어요.

우사미

사자

> 아무것도 하지 않는 건 아니야. **프라이드를 빼앗으러 온 다른 수컷과 싸워 우리 무리를 지키는 게 내 임무**라고. 싸움에서 지면 프라이드를 빼앗기고……. 그때는 **혼자가 돼 버리니 스스로 사냥해야 하지**.

> 그거……. 뭔가 '백수의 왕'치고는 외로워 보이는군요.

캡

**결론**

사자 중 사냥하는 건 암컷이에요. 수컷은 암컷이 잡은 먹이를 먹죠.

증언자
# 고릴라 씨

동물 흉내의 단골 메뉴(?)지만……

## 의외로 다르다? 고릴라 따라잡기 강좌

**고릴라 따라잡기 강좌**

**가슴 치기**
팡 두둥
가슴 치기의 포인트는 손이 보자기 모양!

**걷는 법**
두벅
걷는 법의 포인트는 손이 주먹 모양!

**고릴라 기초 지식**
- 분류: 포유류 영장목
- 분포: 아프리카 중동부
- 크기: 키 175cm (수컷)

오해 레벨 ★★★☆☆

## 제2장 달라요 ~그런 이미지는 아닐지도?~

고릴라

안녕! 난 고릴라. 갑작스럽지만 내 흉내 내 볼래?

고릴라의 강함은 남성의 동경의 대상이죠! 특기입니다! **가슴을 주먹으로 두드리며 자신의 힘을 과시하는** 가슴 치기! 우호!

캡

고릴라

아니야, 아니야! 너, 안 되겠어. **가슴을 치는 손은 엄지손가락을 제외하고 반쯤 모은 보자기 모양**으로 팡팡! 다들 자주 혼동하는군. 게다가 가슴 치기는 **적과 싸우지 않고 비긴 걸로 하기 위한 신호**라고.

고릴라 씨는 **평화로운 동물**이군요.

우사미

고릴라

누구나 싸우고 싶은 건 아니라고. 두드리는 소리는 2킬로미터 밖에서도 들리니 **동료에게 위험을 알리는 신호로도 쓰여.**

존경스럽습니다. 고릴라 선생님! 당신을 닮고 싶습니다. 당신 흉내 내는 법을 더 알려 주세요!

캡

고릴라

좋은 마음가짐이야. 걸을 때는 **몸의 앞부분을 세우고 양손을 주먹 모양으로 쥐고 워킹!** 그리고 윗입술 안쪽으로 혀를 넣으면 고릴라 얼굴이 되지.

알겠습니다! 우호, 우호, 우호!

캡, 여태까지의 캐릭터랑 너무 다르잖아요~.

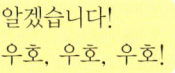
결론

고릴라의 가슴 치기를 흉내 낼 때는 <u>손은 주먹을 쥐는 게 아니라 반쯤 펴야 해요!</u>

81

증언자

# 펭귄 씨

뒤뚱뒤뚱 걷지만……
## 실은 우리들, 다리가 길어요!

뒤뚱뒤뚱 걷네
**귀여워~**

실은 다리가 길지만 말이지

뒤뚱
뒤뚱

**펭귄 기초 지식**

- 분류: 조류 펭귄목
- 분포: 남극 대륙
- 크기: 전체 길이 100~130cm

오해 레벨

## 제2장 달라요 ~그런 이미지는 아닐지도?~

펭귄: 오! 내게도 이야기를 들으러 온 거군. **짧은 다리로 오해받는** 내 이야기를~! 갑작스럽지만 다리를 잘 봐 줘.

캡: 으~음, 다리에 뭔가 있는 겁니까?

펭귄: 카~! 엄청 길다고. 엄청 길어.

우사미: 우왓, 같은 말을 두 번이나 했어요. 그런데 **아무리 봐도 다리가 짧은 걸요?** 어째서 길다고 하시나요?

펭귄: 카~! 너, 어딜 보는 거야. 내 긴 다리는 **몸의 지방 안쪽에 굽은 상태로 숨겨져 있다고.** 보이는 건 발목 밑이야. 밑뿐이라고!

캡: 그럼 뻗으면 길어진다는 말씀이신가요? 죄송스럽지만, 뻗어 보시겠어요?

펭귄: 카~! 그게 불가능하다고. 무릎은 굽어진 채라 뻗을 수 없어! **무릎이 굽은 듯한 모양새라 실제 길이보다 짧게 보이는** 것뿐이야. 그림!

우사미: 잔뜩 말하고 가 버렸네요.

캡: 다리가 긴 건 알았습니다만, 인내심은 짧군요.

**결론**

짧아 보이는 펭귄의 다리는 몸의 지방 안쪽으로 굽은 듯한 형태라 그렇지, 실은 길답니다.

달라요 인정

83

# 회색늑대 씨

**증언자**

'고독한 늑대'는 멋있어 보이지만……
### 그저 무리에서 떨어졌을 뿐이에요

동료가 필요해….!

---

**회색늑대 기초 지식**

- **분류**: 포유류 식육목
- **분포**: 유라시아, 북아메리카
- **크기**: 몸길이 82~160cm

오해 레벨

## 제2장 달라요 ~그런 이미지는 아닐지도?~

 **회색늑대**: 아~우. 이야기를 들으러 와 줬군. 지난 1년간 아무와도 말을 나누지 못해 외로웠어.

 **캡**: 늑대라고 하면 **무리로 지내며 협력해 사냥**하죠. 그런데 **당신은 무리를 이루지 않고 있군요.**

 **우사미**: '고독한 늑대'라는 말도 있지만, **누구와도 무리를 짓지 않고 고독을 즐기는 것처럼 보여** 멋있어요.

 **회색늑대**: '고독한 늑대'는 좋은 게 아니야. **나도 동료가 있으면 좋겠다고.**

 **우사미**: 자진해서 무리를 나온 게 아닌가요?

 **회색늑대**: 들어갈 수 없었다고! **무리에서 떨어진 것뿐이야!** 늑대는 무리를 지으며 서로를 돕는 동물이야. **혼자 있는 건 무리가 없을 뿐**이지.

 **캡**: 갑자기 외로워졌습니다. 그러고 보니 늑대의 울음소리도 외로움이 느껴집니다만……

 **회색늑대**: 울음소리는 동료 간 유대를 긴밀히 하거나 영역을 확고히 하기 위한 것이지. **동료가 없는 고독한 늑대는 울음소리도 내지 않는다**고…….

 **캡**: "웃프(울프)"네요. 동료가 생기도록 기도할게요.

**결론**

'고독한 늑대'는 무리를 짓지 못하고 <u>동료로부터 떨어졌을 뿐</u>이랍니다!

증언자
# 바다악어 씨

사나운 물가의 사냥꾼이지만……

## 이래 봬도 제대로 양육해요

먹어 버리고 싶을 정도로 귀엽구나……

첨벙 첨벙

우와!

오해 레벨

바다악어 기초 지식
- 분류 파충류 악어목
- 분포 인도, 동남아시아
- 크기 전체 길이 3~7m

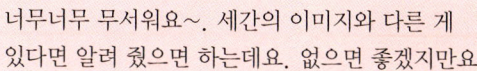

## 제2장 달라요 ~그런 이미지는 아닐지도?~

**바다악어**: 오호~, 나에게 뭔가 인터뷰하러 온 건가? 쓸데없는 걸 물었다간 당신, 먹어 치우겠어.

**우사미**: 너무너무 무서워요~. 세간의 이미지와 다른 게 있다면 알려 줬으면 하는데요. 없으면 좋겠지만요.

**바다악어**: 우후후. 악어는 커다란 입에 죽 늘어진 이빨로 가까이 다가온 동물을 먹어 치우지. 그런 이미지 아닌가?

**캡**: 네. 매우 **사납고 위험한 동물**로 여겨지지요.

**바다악어**: 어머, 솔직한걸♥ 적이나 먹잇감에게는 그렇겠지만, 우리들도 **착실히 아이를 지키고 양육**한다고!

**우사미**: 그건 의외네요~. 왜냐하면 **파충류는 도마뱀도 그렇지만 알을 낳고 그 후에는 내버려 두잖아요.**

**바다악어**: 그렇지. 하지만 **악어 중에는 새끼가 알을 깨고 나오는 걸 도와주거나 모래밭에서 태어나면 입에 넣고 물가로 데려가는 종도 있어.**
어릴 때는 약하니 적으로부터 보호하기도 하지.

**캡**: 헤에~, 실은 엄청 상냥하시군요.

**바다악어**: 하지만 그렇게 보호하기만 하는 건 아니야. 먹잇감을 구하는 일 등은 **스스로 하게 하도록 하는** 편이야.

**결론**

악어 중에는 새끼를 기르는 종도 있답니다. 새끼가 커질 때까지 보호하고 기르죠.

달라요 인정

## 제2장 달라요 ~그런 이미지는 아닐지도?~

기린: 잘 왔군. 너희들, 나 어떻게 생각해?

캡: 긴 목에 늘씬한 다리로 **지상의 동물 중 키가 가장 큰** 초식 동물 아닌지요?

우사미: **싸움 같은 건 안 할 거 같아요.** 가느다라니까요.

기린: 나, 싸운다고. 암컷을 둘러싸고 수컷끼리 싸울 때는 **목을 휘감으며 뿔로 부딪치지.** 보면 엄청 격하다고.

우사미: 얌전하고 약할 것만 같았는데…….

기린: 하? 나, 싸움도 잘한다고. 사자 같은 녀석들이 무리 지어 가까이 오면 **긴 목과 발차기로 한 방 먹이지.** 너희들도 맞아 보겠어?

캡: 으앗, "길인(기린)"은 화내지 않아요. 봐 주세요!

기린: 뭐 좋아. 너희들, 내가 초식 동물이라 무시하는 모양인데, 난 **가끔 고기도 먹는단** 말이지.

캡: 에에에엣~! 죄송해요, 먹지 말아 주세요!

기린: 뭐, 토끼는 먹지 않아. **작은 새 정도는 먹지만.** 단백질 부족이니 말이야. 이것도 이미지와는 다르지.

결론

기린은 약하지 않아요. 목을 휘둘러 격하게 싸우고, 사자를 상대로도 강력한 발차기로 턱뼈를 부러뜨릴 수 있답니다.

## 증언자 돼지 씨

더러운 방을 '돼지우리'라고 하지만······
**실은 깨끗한 걸 엄청 좋아해요**

잠자리
후후
먹을 것
화장실

**돼지 기초 지식**

- 분류: 포유류 소목
- 분포: 원산지 : 유럽, 아시아
- 크기: 체중 200~300kg

오해 레벨

## 제2장 달라요 ~그런 이미지는 아닐지도?~

> 다음은 돼지 씨를 방문하겠습니다만…….
> — 캡

> 우리가 엄청 깨끗해요. 의외네요~.
> — 우사미

 돼지
> 훗, 그렇다고, 아가씨. 우리는 **더러운 걸 싫어하지**, 베이비.

> 세간에서는 더러운 장소를 '돼지우리'라고 부르는 듯한데요. 진짜 돼지우리는 다르네요.
> — 캡

 돼지
> 우리들은 말이지, **화장실과 자는 장소, 그리고 식사하는 장소를 구분**해. 이건 **야생에서 살 때의 습관**이야.

> 어째서 구분하는 건가요?
> — 우사미

 돼지
> 야생에서 살 때는 **화장실 냄새가 곰 등의 적에게 발견**될 수 있잖아. 그래서 **강을 화장실로 써서** 냄새를 들키지 않게 하지.

> 하지만 **가끔 똥 범벅이 되지** 않습니까?
> — 캡

 돼지
> 아아, 그거 말이군. 야생에서는 더울 때 **진흙으로 몸을 차게 하거나 진드기를 떨어뜨리지만**, 사육되는 장소에서는 그럴 수 없지. 훗!

> 오해가 많았네요. 이제부터 제대로 기억하면 "돼지"~.
> — 캡

**결론**: 돼지는 야생에서는 적에게 발견되지 않도록, 또 건강을 위해 몸을 깨끗이 해요. 그 습관 탓에 깨끗한 걸 좋아한답니다.

달라요 인정

# 칼럼

## 닮았지만 달라요! 닮은 꼴 구분법 강좌

구분법 강좌

바다사자

하늘다람쥐

천산갑

겉모습은 비슷하지만 실은 다른 종인 동물이 있지~. 오해하지 않도록 차이점을 알려줄게.

천산갑

그렇죠. 그럼 먼저, 우리 바다사자와 물범이 있어요. 지느러미 같은 다리를 지니고 있고 가까운 종이긴 하지만, 자주 혼동하죠.

바다사자

어떻게 구분하면 되나요?

하늘다람쥐

가장 구분하기 쉬운 건 귀예요. **바다사자는 귀(귓바퀴)가 있지만, 물범은 귓구멍밖에 없죠.** 또, 걷는 법이 있어요. **바다사자는 앞다리로 몸을 지탱하고 걷지만, 물범은 배를 깔고 엎드려 몸을 질질 끌듯 걸어요.**

바다사자

잘 보면 알 수 있군요! 하늘다람쥐와 날다람쥐는 비막을 이용해 나무에서 나무로 날지만, **큰 차이는 비막이 난 방식**이에요.

하늘다람쥐

같은 다람쥐과 동물인데 같은 거 아니야?

바다사자

제2장 달라요 ~그런 이미지는 아닐지도?~

파닥 파닥

바다사자

CHECK!

점박이물범

CHECK!

CHECK!

질질

CHECK!

날다람쥐

CHECK!

CHECK!

하늘다람쥐

큰천산갑

브라질세띠아르마딜로

하늘다람쥐는 앞다리와 뒷다리 사이에 비막이 있지만, 날다람쥐는 목 부근에서 꼬리까지 비막이 있어요. 그래서 날다람쥐가 더 긴 거리를 날 수 있죠.

하늘다람쥐

너희들은 가까운 종이잖아. 하지만 나랑 아르마딜로의 경우에는 사실 엄청 먼 종이야.

천산갑

바다사자

에~. 단단한 등딱지 같은 걸로 몸을 지키는 게 아냐?

우리들 **천산갑의 등딱지는 몸의 털이 두껍게 변화한 거야.** 인간으로 치면 손톱과 마찬가지로 케라틴으로 이루어져 있지. 하지만 **아르마딜로는 피부가 두꺼워진 거야.** 전혀 다르다고!

천산갑

종이 가깝든 멀든, 비슷한 외양을 지녔어도 차이는 항상 있는 거지~.

하늘다람쥐

# 증언자 **범고래** 씨

귀여운 모습을 지닌 수족관의 스타지만……

## 바다 생태계의 정점! 바다의 갱이에요

누가 일인자냐?

번득

무, 물론 범고래 님 입니다!

| 범고래 기초 지식 | | |
|---|---|---|
| 분류 | 포유류 고래목 | |
| 분포 | 전 세계의 바다 | |
| 크기 | 전체 길이 6~9m | |

오해 레벨

## 제2장 달라요 ~그런 이미지는 아닐지도?~

 동물들의 이야기를 듣고 있다고? 애쓰는군.

 고마워요. 까만 바탕에 하얀 무늬의 귀여운 외모와는 다르네요~.

 뭐, 그렇지. 수족관에서 쇼 같은 걸 하고 있지만, 자연계에서 그런 한가한 짓을 했다간 살아남을 수 없다고. **나는 '바다의 갱'. 노린 먹잇감은 반드시 마무리 짓지.**

 **물고기나 펭귄을 공격하는 건** 알고 있습니다만, 그 밖에도?

 그렇군. **먹잇감은 작은 동물뿐만이 아니야.** 돌고래나 물범, 북극곰, 상어나 고래…….

 북극곰과 상어라니, 동물계 최강의 포식자들을 늘어놓고 있잖아요! 거기다 지구 최대의 동물인 고래도?

 상대도 안 되지. **수영은 포유류 중에 가장 빠르니까.** 우리들이 노리면 도망칠 수 없다고. 게다가 **한 마리도 강하지만, 집단으로 먹잇감을 쫓는 두뇌 플레이도** 하지.

 강하고, 머리도 좋고……. 히에엑, 우리는 먹지 말아 주세요.

 가끔 모래사장으로 올라와 바다사자를 노리기도 하지만, 너희들이 사는 장소까지 갈 일은 없으니 안심해.

 그렇다면 술"고래"가 돼도 걱정 없겠군요.

**결론**

사랑스러운 외모와는 반대로 바다에서는 적수가 없고, 머리도 똑똑하고 강한 동물이에요!

증언자 **북극곰** 씨

새하얀 털을 지녀 별명은 '흰곰'!
**사실, 맨살은 새카매요**

오해 레벨 ★★★☆☆

**북극곰 기초 지식**
- 분류: 포유류 식육목
- 분포: 북극권
- 크기: 몸길이 180~250cm

## 제2장 달라요 ~그런 이미지는 아닐지도?~

곰의 대다수는 갈색이나 회색, 검은색이지만 북극 등에 사는 북극곰은 새하얗죠.

우사미

북극곰

그렇지~. 하지만 **실은 까맣다**고~. 털과 털 사이를 잘 봐 봐~.

아아아! 피부는 까맣군요!

캡

북극곰

검정색은 태양열을 흡수하기 쉬워서 **추운 지방에서 살기에 알맞아**.

털이 하얘서 하얀 곰이라고 생각했어요.

우사미

북극곰

그렇군~. 그것도 오해겠지~. 하얗게 보이니 말이야. **하지만 내 털은 하얗지 않아~**. 특별히 털을 한 올 선물해 줄 테니 잘 보라고.

아아! 투명해요! 게다가 빨대처럼 안이 비어 있군요.

캡

북극곰

**투명한 털이 빛을 반사해 하얗게 보이는** 거야. 그래서 북극에서는 알아채기 힘들어. 그리고 **안이 비어 있어 저장된 열이 빠져나가지 않는다고**.

털 밑의 맨살부터 털의 구조까지 북극에서 살기 위한 방책이 숨겨져 있군요!

캡

**결론**

북극곰의 <u>맨살은 새카매요</u>. 털도 실은 <u>하얗지 않고 투명하답니다</u>.

달라요 인정

# 증언자 클리오네 씨

'유빙의 천사'라고 불리지만……
**식사할 때는 악마가 돼요**

| 클리오네 기초 지식 | 분류 | 복족류 무각익족목 |
|---|---|---|
| | 분포 | 북태평양 |
| | 크기 | 몸길이 1~3cm |

오해 레벨 ★★★★★

## 제2장 달라요 ~그런 이미지는 아닐지도?~

유빙이 뜨는 바다를 춤추듯 헤엄치는 클리오네 씨! 날개를 지닌 천사 같은 모습이 아름다우세요~.

우사미

클리오네

아니야~. 날개처럼 보이는 건 다리라고.

그게, 다리입니까? 그렇게 생각하면 '유빙의 천사'라는 이미지도 바뀌겠군요. 몸의 구조에 관해서 더 알고 싶습니다.

캡

클리오네

몸의 구조라……. 그렇지, 그렇지. 천사의 머리처럼 보이는 곳 있지? 여기, 열려.

네? 무슨 말씀인지 잘 모르겠어요.

우사미

클리오네

먹잇감을 발견하면 말이지. **머리가 콰광 하고 열리고 안에서 '버컬 콘(buccal cone)'이라고 불리는 여섯 개의 촉수가 뻗어 나와 딱 붙잡는다고!**

윽! 그 모습, 기괴하다고나 할까……. 엄청 무섭군요.

캡

클리오네

게다가 말이지……. 덥석덥석 먹는 게 아니라 **먹잇감의 영양분을 쏙 빨아 먹지.**

오늘부터 '유빙의 악마'로 정정하는 편이 좋겠어요!

우사미

결론

클리오네는 천사처럼 귀여운 모습을 지녔지만, 먹잇감을 잡아먹을 때는 마치 악마 같아요.

증언자
# 오징어 씨

오징어의 몸은 어디에 있냐고?
## 아, 거기 머리가 아니라 몸이에요!

인간을 만나면 이렇게 되지

배 둘레를 재 보려면 여기야

오징어 기초 지식
- 분류: 두족류 십완목
- 분포: 전 세계의 바다
- 크기: 동체의 길이 40cm

오해 레벨

## 제2장 달라요 ~그런 이미지는 아닐지도?~

오징어

요즘은 "금징어"라 불리고 있지. 안녕, 나 오징어야.

뜬금없이 캡의 특기인 말장난 인사를 했어요. 캡, 질 수만은 없죠!

우사미

"오징"……. 아니, 오직 오징어 씨에게 한번, 물어보고 싶었습니다만……. **오징어나 문어의 머리는 어디에 있습니까?**

캡

그야……. 오징어 씨는 삼각형 모양의 지느러미 밑까지, 문어 씨는 둥그런 부분 아닌가요?

우사미

오징어 씨, 어떤가요?

캡

오징어

후후~. 대충 대답하면 실례겠군. 제대로 알려 주지. 보통 그렇게 생각하지만, **거기는 몸이야. 내장이 들어 있다고. 얼굴 주변에 머리가 있어.**

빗나갔군요. 그럼, **다리가 머리에 나 있다**는 건가요?

캡

오징어

두족류라고 불릴 정도니 당연하지. 게다가 **다리가 아니야, 팔**이지.

에에~! 미처 몰랐던 사실이군요. 홀딱 속았습니다.

캡

결론

오징어나 문어의 <u>머리로 여겨지는</u> 부분은 <u>몸이에요</u>. 다리(팔)는 머리에 나 있죠.

101

증언자 **나무늘보** 씨

게으름 피우면서 사니까 편해 보인다고?
## 몸을 격하게 움직이면 죽는다고요!

나무늘보 숲 30cm 달리기
헥헥
짜잔
대단해!
고작 1분!

**나무늘보 기초 지식**
- 분류: 포유류 빈치목
- 분포: 남아메리카
- 크기: 몸길이 50~70cm

오해 레벨

★★★★☆

## 제2장 달라요 ~그런 이미지는 아닐지도?~

나무늘보: 야~아~, 나~는~나~무~늘~보~야.

우사미: 움직임이 느리지만 **실은 재빨리 움직일 수 있는 거** 아닌가요? 이를테면 적과 마주치면 필사적으로 도망친다든지?

나무늘보: 아무리 노력해도~ 빨~리~움~직~일~수~없다고. 그러니~먹히고~끝~이야.

우사미: 거짓말!

나무늘보: 몸을~움직일~근육도~거의 없다고. 나무에~매달려~있다고~여겨지지만~ **손톱을 걸고~매달려 있을 뿐**이야……

캡: 그러고 보니, **식사도 하루에 나뭇잎 몇 장**이 전부였죠.

나무늘보: 움직이지 않고도~살 수 있도록~조금 밖에~안 먹는 거지. 잔뜩 먹어도~소화에 시간이 걸리니까~.

우사미: 그러면 체력도 없겠네요.

나무늘보: 그렇지~. **격하게~움직이면~에너지를~다 써서~ 굶어 죽고** 말아……. 이젠~깨어 있는 것도~힘드니~ 잘래……. zzz

캡: 나무늘보는 결코 성실하긴 힘들겠군요.

**결론**

나무늘보는 몸을 움직이는 근육이 거의 없고, 거의 먹지 않아 격하게 움직이면 에너지 부족으로 죽고 말아요!

103

# 향유고래 씨

증언자

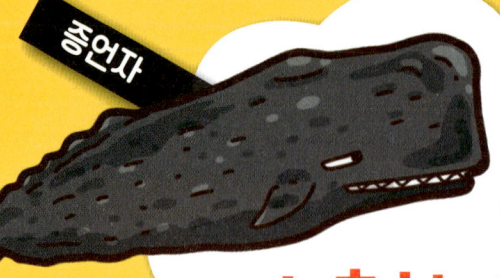

바다에서 생활하지만······ **물속에서는 호흡할 수 없어요!**

촤―악

푸학

아―, 힘들었다·····

---

**향유고래 기초 지식**

- 분류: 포유류 고래목
- 분포: 전 세계의 바다
- 크기: 전체 길이 10~20m

오해 레벨

★☆☆☆☆

## 제2장 달라요 ~그런 이미지는 아닐지도?~

 향유고래: 바닷속까지 잘 왔군! 환영해! 우리는 물속에 사니까 오지 않으면 대화도 나눌 수 없어.

 우사미: 물고기처럼 **물속에서 나가지 못하는** 거군요.

 향유고래: 아니, 그렇진 않아. **호흡할 때는 역으로 수면에 나가야 해.** '바닷물 뿜기', 알고 있지?

 캡: 수면으로 나와 물을 촤~ 하고 뿜는 행동을 말씀하시는 거군요.

 향유고래: 그게 호흡하는 거야. 우리들의 콧구멍은 머리 위에 있어서, 호흡할 때 **공기를 내뿜으면 주변의 바닷물이 뿜어져 물방울을 뿜는 것처럼** 보이는 거지.

 캡: **바닷물을 내보내는 게 아니**었군요.

 향유고래: 그래. 또, 폐에 압축돼 있던 공기가 단번에 **공중으로 나와 하얗게 보이는** 경우도 있지.

 우사미: 반드시 숨은 쉬어야 하니까요. 그러고 보니 고래는 바다 깊이 잠수할 수 있었죠?

 향유고래: 우리는 **근육에 산소를 저장해서 육상 동물보다 길게 잠수**할 수 있지. 향유고래는 1시간 이상 잠수할 수 있다고.

캡: 산소를 길게 "향유"할 수 있군요.

**결론**

고래는 해수면으로 올라와 호흡해요. 하지만 <u>육상의 동물과는 달리 길게 잠수할 수 있죠!</u>

### 증언자 제비 씨

제비 집은 고급 식재료라면서요?
## 둥지가 맛있는 건 검은둥지칼새예요

**제비 기초 지식**
- 분류: 조류 참새목
- 분포: 유라시아, 북아메리카, 아프리카 북부
- 크기: 전체 길이 15~18cm

오해 레벨 ★★★★☆

## 제2장 달라요 ~그런 이미지는 아닐지도?~

배고프네요~. 캡, 저 돈을 아껴서 고급 식재료인 제비 집 같은 것도 먹어 보고 싶어요. 제비 씨에게 둥지를 조금만 나눠 달라고 하죠!

우사미

제비

들었어. 내 둥지를 먹고 싶다고? 그만둬! **대부분 흙**이라고, 먹을 만한 게 못 돼.

아, 제비 씨. 하지만 둥지는 식재료로 유명하잖아요?

우사미

제비

아~, 오해라고. **식재료로 쓰이는 제비 집은 검은둥지칼새의 둥지**야.

뭐가 다른 겁니까?

캡

제비

검은둥지칼새는 해안가의 깎아지른 절벽 동굴에 둥지를 만들지. **재료는 그들에게서 나오는 점성 있는 침**이야. 스프에 넣으면 맛있는 제비 집은 그것이지.

안타깝네요~. 한입 먹고 싶었는데요.

우사미

검은둥지칼새의 침이었나요! 그건 그렇고, 깎아지른 절벽의 동굴에 있으면 손에 넣기 어렵겠군요.

캡

제비

그러니 고급 식재료지. 참고로 **우리는 참새 종이고, 검은둥지칼새는 칼새 종이야. 전혀 다른 종**이라고.

**결론**

고급 식재료인 제비 집은 <u>검은둥지칼새라고 불리는 칼새가 만드는 둥지</u>예요.

# 귀여운 차이점 좌담회

**달라요** 의외로 **육체파**예요

좌담회 참가자

태즈메이니아데빌 씨

라텔 씨

황제펭귄 씨

라텔

우리들은 겉모습이 귀여워서 강하지 않은 동물이라는 이미지가 있지만, **의외로 육체파**야.

태즈메이니아 데빌

맞아. 나도 겉모습은 귀엽잖아. 그래서 얌전한 동물로 여겨지지만, 으드득으드득 육식을 한다고!

라텔

뭐, 이름에 '데빌(악마)'이 있을 정도니 어느 정도 상상은 가.

태즈메이니아 데빌

맞아. 주로 사체를 먹지만, 턱이 엄청 단단해. **뼈나 피부도 북북 찢어 낼 수 있으니까.**
뭐……. 큰 동물은 무서우니 사람 등을 마주치면 곧 도망치지만.

라텔

안 되겠구먼~. 몸이 작아도 나는 무서운 걸 모르니까 말이지. 나는 **사자도 하이에나라도, 방해하는 녀석에겐 맞선다고.**

태즈메이니아 데빌

정말이야?

제2장 달라요 ~그런 이미지는 아닐지도?~

진짜야! 맹독을 지닌 코브라에게도 맞설 정도라고.
라텔

응? 펭귄 씨가 어째서 이 좌담회에 참여했을까? 딱히 육식도 아니고 적에게 맞서는 것도 아닌데.
태즈메이니아 데빌

아~. 나는 **날개의 힘이 엄청 세~**. 바다를 날듯 헤엄치지. 물을 가르는 힘이 강하다고.
황제펭귄

그렇게 말해도 별로 상상이 되지는 않는데.

날개로 때리면 **사람의 뼈 정도는 부러뜨릴 수 있을** 정도로 강하다고.
황제펭귄

펭귄 씨를 화, 화나게 하면 안 되겠군요······.

109

# 외뿔고래 씨
증언자

'바다의 유니콘'이라고 불리지만……

## 뿔이라고 생각했던 건 긴 이빨이에요

반짝

유니콘처럼 멋있는 뿔이다!!

멋있는 이빨♥

**외뿔고래 기초 지식**
- 분류: 포유류 고래목
- 분포: 북극권 주변
- 크기: 전체 길이 3.6~6.2m

오해 레벨
★☆☆☆☆

## 제2장 달라요 ~그런 이미지는 아닐지도?~

유니콘이라고 하면 말처럼 생긴 상상 속의 동물로 머리에 뿔을 하나 지녔습니다만, 바다에는 유니콘처럼 뿔을 지닌 동물이 진짜 있죠. 외뿔고래 씨랍니다!
— 캡

반가워요, 반가워. 방금 소개받은 외뿔고래랍니다. 하지만 제 것은 **뿔이 아니라 긴 이빨**이에요.
— 외뿔고래

이빨? 그런데 입을 닫아도 밖으로 튀어나와 있는데요?
— 우사미

**위턱에 있는 앞니 중 왼쪽 이빨이 뻗어 나와 피부를 뚫어 버렸죠.** 그래서 뿔처럼 보이는 거랍니다.
— 외뿔고래

왼쪽 이빨일 뿐이라니, 신기해요.
— 우사미

**500마리 중 한 마리 정도는 오른쪽 이빨도 뻗어 나오는 경우가 있죠.** 즉, 두 개의 긴 뿔, 아니, 이빨을 지닌 경우도 있어요.
— 외뿔고래

그럴 경우에는 '두 뿔'이라는 이름이 되는 건가요?
— 우사미

그렇지 않아요. 참고로 **이빨이 뻗어 나오는 건 수컷뿐**이죠. 이 이빨로 암컷을 두고 싸우는 거랍니다.
— 외뿔고래

검처럼 마주 부딪치는 겁니까?
— 캡

그렇게 찌르면 위험하죠. **어느 쪽이 멋진 이빨인지 비교하는 싸움**을 해요. 길고 두꺼운 쪽이 인기가 많아요.
— 외뿔고래

**결론**

외뿔고래의 뿔은 <u>위턱의 왼쪽 앞니가 뻗어 나온 것이랍니다.</u> 수컷에게 있으며, 길고 두꺼운 쪽이 암컷을 차지하는 경쟁에서 이기죠.

**증언자**

# 소금쟁이 씨

수면을 휙휙 달려도, **물에 빠지는 경우가 있어요**

기름이 떨어져! 빠진다~!

허우적 허우적

오해 레벨 ★★★★★

**소금쟁이 기초 지식**
- 분류: 곤충류 노린재목
- 분포: 한국, 일본, 중국 등
- 크기: 몸길이 11~17mm

## 제2장 달라요 ~그런 이미지는 아닐지도?~

우리 소금쟁이는 웅덩이나 늪의 수면에 떠 있지만, **물에 따라서는 헤엄치지 못하고 빠지기도** 해.

마치 스케이트처럼 수면을 획획 달리는 것도 신기하지만, 빠진다니 의외네요~!
우사미

떠 있는 이유는 간단해. **여섯 개의 다리에 가느다란 털이 나 있고, 다리에서 기름이 나와. 이걸 털에 바르면, 기름이 물을 밀어내서 뜨는** 거지.

하지만 빠지는 이유를 모르겠군요.

있지, 세제는 기름을 씻겨 내잖아. **물에 세제 등을 섞으면 털에 묻은 기름이 씻겨 나가지**. 그렇게 되면 물에 뜰 수 없게 돼서……

물에 빠지는 거군요~. **물이 더러워지면 위험**하겠어요.

우사미

그러고 보니 소금쟁이 씨는 어느 틈에 웅덩이에 있는 거죠? 물에서 튀어 나오는 겁니까?

캡

설마~. **날개가 있어**. 그걸로 나는 거지.

날 수 있던 거군요. 엄청 알기 쉽게 대답해 주셨어요.

캡

**결론**

소금쟁이는 다리털에 묻은 기름으로 물에 떠요. <u>물이 세제 등으로 더러워지면 기름이 씻겨 나가 물에 빠지고 말죠!</u>

증언자

# 다람쥐 씨

겨울이 되면 동면하지만……
## 실은 가끔
## 일어나요

음냐음냐 맛있네…

우걱우걱

다람쥐
기초 지식

- 분류 포유류 쥐목
- 분포 한국, 일본, 중국 등
- 크기 몸길이 12~17cm

오해 레벨

## 제2장 달라요 ~그런 이미지는 아닐지도?~

다람쥐 씨를 인터뷰하러 왔습니다만, 타이밍 나쁘게도 동면 중이시군요.
캡

다람쥐
응? 일단은 깨 있다만.

동면에 들면 **따뜻해질 때까지 일어나지 않는** 게 아닌가요?
우사미

다람쥐
그런 동물도 있지. 하지만 우리는 동면에 들긴 하지만, **가끔 깨어나.**

그거, 동면 맞아요?
우사미

다람쥐
동면이야. 겨울은 먹을 게 적으니 에너지를 가능한 한 아끼는 거지. 게다가 몸이 작아 지방으로 잔뜩 저장해 두는 것도 불가능해. 그래서 **호흡이나 맥박이 엄청 줄고 움직임도 멈춰.**

**에너지 절약 생활을 하는** 것이군요.
캡

다람쥐
맞아, 맞아. **체온도 마치 죽은 듯 낮아지지.** 하지만 가끔 일어나지 않으면 진짜 죽고 마니까, **식사를 통해 에너지를 보충하고 용변을 보기도 하는** 거야.

다람쥐 씨가 화장실에 간 "다람쥐"~.
캡

다람쥐
말장난이 너무 썰렁해서 이만 동면하러 가야겠어. 자러 가 볼게~.

결론

다람쥐는 동면하지만, 때때로 깨어나 식사하거나 용변을 보기도 합니다.

## 증언자 **개미** 씨

집을 위해 전원이 힘을 모아 영차영차 일한다고 여겨지지만

### 20퍼센트는 농땡이 피워요

**개미 기초 지식**
- 분류: 곤충류 벌목
- 분포: 전 세계
- 크기: 몸길이 7~12mm

오해 레벨

## 제2장 달라요 ~그런 이미지는 아닐지도?~

**캡:** 바쁜 일꾼 개미 씨는 밤낮으로 집에서 일하느라 바쁘실 텐데, 취재에 응해 주셔서 감사합니다!

**개미:** 아뇨, 아뇨. 시간은 있습니다. 우리를 성실한 일꾼이라 생각하시겠지만, **전체의 20퍼센트는 항상 농땡이를 피우죠.**

**우사미:** 네? 100마리 중에 20마리는 일하지 않는다는 건가요?

**개미:** 네. **동료가 먹을 것을 운반해 와도 가만히 있거나 멍하니 서 있곤 하죠.** 정확히는 일에 착수하기까지 시간이 오래 걸린다는 거지만요.

**우사미:** 그게 농땡이죠. 그 20퍼센트, 해고해야겠어요!

**개미:** 농땡이 피우는 20퍼센트를 없애 버리면, **남은 일개미의 20퍼센트가 또 농땡이를 피우죠.**

**캡:** 그건 어째서죠? 이유가 있습니까?

**개미:** **일개미도 지쳐요.** 다들 일하다 일제히 지쳐 버리면, 일할 수 있는 녀석이 없겠죠. 그래서 **일개미가 지치게 되면 농땡이 피우던 녀석들이 일을 시작하는** 것이랍니다.

**캡:** 그래서 **끊임없이 둥지에서 일을 이어 갈 수 있는 것**이군요. "재미"있는 팀워크네요!

**결론**

일개미의 20퍼센트는 일에 착수하기까지 시간이 오래 걸려 다른 80퍼센트의 개미가 일하는 동안 농땡이를 피운답니다.

**증언자**

# 가시복 (일본명:가시천개) 씨

가시가 천 개는 있을 듯한 이름이지만……

**그렇게 많지는 않아요**

《짜잔》

가시복 세 마리를 합치면 대략 **가시천개** 정도!

**가시복 기초 지식**

- **분류** 경골어류 복어목
- **분포** 전 세계의 따뜻한 바다
- **크기** 몸길이 30cm

오해 레벨

★☆☆☆

## 제2장 달라요 ~그런 이미지는 아닐지도?~

가시복

'이름값을 못 한다.'라는 말이 있지 않아?

캡

이름이 너무 훌륭해 본인이 거기에 못 미친다는 말로 알고 있습니다.

가시복

내가 바로 그 대표야. **몸에 가시가 잔뜩 나 있어 '가시천개(가시복)'라는 이름을 지녔지만 그렇게 많지는 않아.** 세 봐.

우사미

에~, 엄청 귀찮아요. 알려 주세요.

가시복

너, 뭔가 서툴구나. **300~400개 정도**야.

우사미

그럼, 애초에 '가시삼사백개'라는 이름이었다면 이름값 못 할 일은 없었겠네요!

가시복

너, 역시 서툴구나. 그런 식이라면 **갓 태어났을 때는 가시가 없으니** '가시영개'겠지.

캡

성장함에 따라 가시가 나는 것이군요.

가시복

이 가시는 말이지, **비늘이 변화한 거야.** 보통은 누워 있지만, **적으로부터 몸을 지킬 때는 바닷물을 들이마셔 위를 부풀려서 가시가 곤두서게** 되지.

캡

"복"스럽게 부풀 수 있군요.

**결론**

가시천개(가시복)의 바늘은 300~400개 정도밖에 없답니다!

## 제2장 달라요 ~그런 이미지는 아닐지도?~

**복어**: 우리들 복어는 먹히고 싶진 않지만 고급 식재료로 쓰이고 있는 듯해.

**우사미**: 하지만 **독이 있죠**. 그것도 **엄청 강한 독**이요.

**복어**: 맞아. 그래서 조리할 때는 자격 있는 사람이 해야 하지.

**캡**: 자주복 씨의 독은 **간이나 난소 등에 있죠**. 분명 테트로도톡신이라는, 열에도 강한 독이었죠.

**복어**: 맞아, 맞아. 먹으면 혀끝이나 손가락 끝이 저리고, 자칫하면 죽는 경우도 있지. 하지만 이 독을 **태어날 때부터 지닌 건 아니야**.

**우사미**: 네? 독은 나중에 생기는 건가요?

**복어**: 독을 지닌 세균 또는 그 세균을 먹은 동물을 우리가 섭취하면서 체내에 독이 점점 쌓이는 거라고.

**캡**: 그럼 **세균을 먹지 않는 환경에서 양식된 복어는 독이 없다**는 말씀이시군요. 그렇다면 어서 먹어 보고 싶을 정도네요!

**우사미**: 복어 씨를 앞에 두고 그런 말을 잘도 하시네요……

**결론**: 복어의 독은 태어날 때부터 지닌 것이 아니라, **독을 지닌 세균을 먹는 것 등에 의해** 체내에 쌓이는 것이랍니다!

증언자 **지네** 씨

지네, 거미, 공벌레……
'벌레'라고 불리지만
**우리들은 곤충이 아니에요!**

이게 곤충이야!

가슴에 다리가 여섯 개

머리  배

엣! 나는 다리가 너무 많아!

머리, 가슴, 배로 나뉘어 있지 않아….

으윽

분명…

**지네 기초 지식**

분류  지네류 왕지네목
분포  동아시아
크기  몸길이 11~15cm

오해 레벨

## 제2장 달라요 ~그런 이미지는 아닐지도?~

지네

저~, 실례합니다~. 저희의 이미지 차이에 관한 이야기를 들어 주시겠어요~?

꺅! 지네 씨! 곤충은 불편해요!

우사미

지네

그거예요, 그거. 저나 거미, 공벌레 등은 **곤충이 아니**라고요. 때때로 같은 곤충으로 취급받지만요.

지네 씨는 벌레가 아니었나요?

캡

지네

벌레예요. 다만, '벌레'는 확실한 **구분법이 없어요**. 벌레의 사전적 의미만 봐도 '곤충을 비롯하여 기생충과 같은 하등 동물을 통틀어 이르는 말'이라고 하니까요.

회충이나 십이지장충 같은 기생충도 벌레라는 말씀이신가요?

캡

지네

**학문적인 분류가 아니니까** 보는 이가 벌레라고 판단하면 벌레라고 불리지요.

그렇다면 곤충은요?

우사미

절지동물 중에 머리, 가슴, 배, 이렇게 세 부분으로 나뉘고 가슴에 여섯 개의 다리가 난 녀석들을 **지칭**해요. 우리는 다르다고요.

하지만, 죄송해요. 곤충이 아니라도 역시 불편해요~.

우사미

**결론**

곤충은 머리, 가슴, 배, 이렇게 세 부분으로 나뉜 절지동물을 의미해요. 지네나 거미, 공벌레 등은 곤충이 아니랍니다!

퀴즈

### 착각해서 그래요 퀴즈 ②
# 기린의 목 엑스선 사진은 어느 쪽?

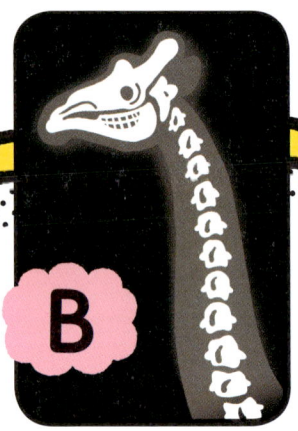

**문제**

우사미

목이 매우 긴 동물 기린. 엑스선 사진을 찍은 목뼈 사진을 보세요. **위의 A와 B 중 한쪽은 큰 착각을 하고 있어요.** 어느 쪽이 올바른 기린의 목뼈 사진일까요?

기린의 목 길이는 약 2.5미터에 달합니다. 그래서 목뼈도 엄청 많을 것 같은데요. 그런데 **목뼈의 개수는 일곱 개**로서 사람과 기린이 같습니다. 그보다, **포유류의 대부분이 목의 길이와는 상관없이 목뼈가 일곱 개랍니다!** 기린은 목뼈 하나하나의 길이가 길 뿐이죠. 참고로, 나무늘보 같은 종의 목뼈는 6~9개이며, 목뼈의 개수가 다른 포유류도 있답니다.

**정답**

캡

정답 : A

증언자

# 흰개미 씨

하얀 개미라고 생각하기 쉽지만……

## 개미가 아니라 바퀴벌레예요!

**흰개미 기초 지식**

- 분류: 곤충류 바퀴목
- 분포: 전 세계
- 크기: 몸길이 4.5~7mm(일개미)

오해 레벨 ★★★☆☆

## 제3장 아니었어요 ~이름의 유래는 오해~

**흰개미:** 말하고 싶은 게 있으면 들어 준다고 해서 왔는데……. 맛있어 보이는 건물이네.

**우사미:** 잠깐, 잠깐만요, 흰개미 씨! 말씀은 듣겠지만 건물은 먹지 말아 주세요. 민폐라고요.

**흰개미:** 우리는 **나무를 엄청 좋아해**서 어쩔 수 없다고. 목조 건물을 보면 무심코 갉아 먹고 싶으니까 말이지.

**우사미:** 개미면 개미답게 달콤한 거라도 드세요!

**흰개미:** 그거야, 말하고 싶었던 게. 우리는 **개미**…… **잘 알려진 검은 개미와는 다른 종**이라고.

**캡:** 무슨! 그런 일이 있을 수 있나요? 그보다 당신들, **개미와 닮았잖습니까?**

**흰개미:** 잘 봐. 우리들의 몸은 뭉뚝해. 개미는 잘록하다고. 날개미는 우리와 앞뒤의 날개 크기는 같지만, 개미는 앞날개가 훨씬 커. 더듬이의 모양도 달라.

**캡:** 분명 **개미는 벌목**에 속합니다만, 흰개미 씨는?

**흰개미:** 우리는 **바퀴목**이야. 이제 알겠어?

**캡:** 그렇군요. 여기에 오셔서 흑백을 가렸으니 다행이군요.

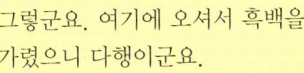

**결론**

**흰개미는 바퀴목이에요.** 개미(검은 개미)는 벌목이며, 종이 다르답니다.

아니었어요 인정

증언자 **고슴도치** (일본명: 가시쥐) 씨

딱딱한 가시 같은 털을 지닌 쥐?

## 아뇨, 두더지와 같은 무리라고요!

콰직!

쥐가 아니니까 무리하지 마

갈갈 갈갈

꽉

뭐, 지렁이라도 먹도록 해

자

**고슴도치 기초 지식**
- 분류 포유류 고슴도치목
- 분포 아프리카 동부~서부
- 크기 몸길이 17~23.5cm

오해 레벨

128

## 제3장 아니었어요 ~이름의 유래는 오해~

고슴도치: 여어! 나도 말하고 싶은 게 있어! **이름이 틀렸다고!**

우사미: 예리한 가시로 뒤덮인 가시쥐(고슴도치) 씨! 이름이 틀렸다니, **가시가 있으니 딱 맞는**걸요?

고슴도치: 아니라고. **쥐가 아니야.** 나, **두더지의 일종**이라고.

우사미: 땅을 파고 사는 건가요? 그 가시가 엄청 거슬릴 거 같아요~.

고슴도치: 아니라고. **쥐는 앞니가 발달**해서 딱딱한 나무 열매도 갉아 먹을 수 있어. 나는 **두더지와 마찬가지로 벌레를 먹으니** 그런 예리한 이빨은 없어.

우사미: 그렇군요. 그럼 가시쥐 씨는 실은 가시두더지 씨였네요.

고슴도치: 그게 또 복잡한 부분이지. **가시두더지라는 동물도 있어.** 게다가 그 녀석은 **두더지가 아니라 오리너구리와 같은 무리**야.

우사미: 그럼 안 되잖아요.

캡: 으~음, 머리가 혼란스러워서 말장난도 떠오르지 않는군요.

우사미: 딱히 말장난을 원하는 사람은 아무도 없다고요, 캡.

**결론**

가시쥐(고슴도치)는 쥐가 아니라 두더지에 가까워요. 하지만 가시두더지라는 동물은 따로 있고, 그들은 오리너구리와 같은 무리랍니다.

증언자

# 왕게 씨

'게의 왕자님'이라고 불리지만……
## 왕게는 게과가 아니에요

저 녀석, 앞으로 걸을 수 있었던가?

느릿느릿

오오, 그거 좋지 가 불까

저기 맛있어 보이는 먹이가 있었어

오해 레벨

★★★★★

**왕게 기초 지식**
- **분류** 갑각류 십각목
- **분포** 동해, 북태평양, 북극해
- **크기** 등딱지 폭 25cm

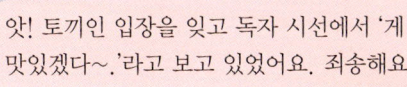
제3장 아니었어요 ~이름의 유래는 오해~

왕게: 뭐야, 이 몸을 침 흘리며 보지 말라고! 너희들, 토끼잖아!

우사미: 앗! 토끼인 입장을 잊고 독자 시선에서 '게 맛있겠다~.'라고 보고 있었어요. 죄송해요.

왕게: 뭐 좋아. 분명 우리들이 맛있는 건 사실이니까. 하지만 **우리는 게가 아니라고**. 다리의 개수를 세 봐.

캡: 으음, 하나, 둘, 셋…… **집게발을 포함해 여덟 개**? 어라? **게는 집게발을 포함해 다리가 열 개** 아니었습니까?

왕게: 게는 그렇지. 하지만 나는 게가 아니라고. **소라게**의 일종이란 말이지.

우사미: 소라라니, 껍데기 안에 사는 그 소라 말인가요?

왕게: 소라가 아니야, 소라게라고. 소라게의 일종이지. 뭐, 왕게는 대게에 비해 다리가 굵고 살이 많아서 '킹크랩'이라고 불리지만 말이야. 그건 자랑할 만하지.

우사미: 먹히는 게 자랑할 일인가요? 엄청 긍정적이시네요.

왕게: 당연하지. 우리는 **옆으로만 걷는 게 아니라 앞으로도 걸어**. 즉, 항상 앞을 보니까 긍정적이라는 거지!

결론

왕게는 게가 아니라 소라게예요. 옆으로만 걷는 게 아니라 앞으로도 걸을 수 있어요.

## 칼럼

## 오해의 비극 강좌
### 비극의 아니었어요

**좌담회 참가자**

검은코뿔소 씨

아이아이 씨

여행비둘기 씨

---

검은코뿔소
> 세계에서 오해로 인해 매우 비극적인 일이 일어난 경우가 많지.

> 다들 알아 줬으면 해요.

아이아이

검은코뿔소
> 우리들 검은코뿔소는 머리 앞쪽에 뿔이 있어. 이 뿔을 사람들이 '한방약이 된다'고 생각한 바람에······.

검은코뿔소
> 뿔을 얻기 위해 현재도 밀렵이 이어지고 있어. 많은 코뿔소들이 죽임을 당해 멸종 위기야. 참고로 **약으로는 쓸 수 없다고!**

> 우리의 비극적인 이야기도 서러워. 우리는 외모가 살짝 무섭지. 게다가 어두워졌을 때부터 활동하니까······.

아이아이

> 마주친 뒤 죽이지 않으면 불행을 가져다준다는 '악마의 사자'라고 불리면서 잔뜩 죽임당했어. 마다가스카르섬에서는 **개체 수가 급격하게 줄어들고 있어.**

아이아이

# 제3장 아니었어요 ~이름의 유래는 오해~

> 너희들은 아직 오해를 풀 수 있잖아.
>
> 여행비둘기

검은코뿔소

> 여행비둘기 씨……의 영혼! 당신은 **멸종**했군요.

> 아아, 맞아. 예전에는 **지구에 50억 마리나 있었지만**, 작물을 노리는 새로 알려져, 식용으로 **매년 천만 마리 이상이 죽임당했지**.
>
> 여행비둘기

> 게다가 사람들은 우리를 총으로 쏘는 놀이를 했어. 그 결과, 100년 정도 전에 멸종됐지.
>
> 여행비둘기

아이아이

> 개체 수가 줄어드는 동안에 특별히 보호하거나 하지는 않았나요?

> 물론 보호하는 법이 제정되었지. 하지만 '**수가 많으니 멸종될 위험은 없다**'고 생각해서 말이야…….
>
> 여행비둘기

검은코뿔소

> 정신을 차렸을 때는 늦었다는 말씀이시군요. 사람이 두 번 다시는 같은 실수를 하지 않으면 좋겠군요.

133

증언자

# 흰코뿔소 씨

색이 하얘서 흰코뿔소, 검어서 검은코뿔소?

## 이름의 유래는 색 차이가 아니라고요!

하얗군….
(white 하얗다)

입이 넓어!
(wide 넓다)

오해 레벨
★★★★★

**흰코뿔소 기초 지식**
- 분류 포유류 말목
- 분포 아프리카(중앙~남아프리카)
- 크기 몸길이 335~420cm

134

## 제3장 아니었어요 ~이름의 유래는 오해~

우사미

흰코뿔소 씨, 반가워요. 역시 **검은코뿔소 씨보다 몸 색이 하얘서 그 이름이 붙은** 거겠죠?

흰코뿔소

색 같은 건 검은코뿔소랑 별 차이가 없어.

그러고 보니 미미한 색 차이군요. 비교해 보니 **입 모양이 다르네요.**

캡

흰코뿔소

오, 좋은 점을 짚었어. 우리 **흰코뿔소는 널찍한 삽 같은 입**을 지녔지. 지면의 풀을 먹기 편하거든. **검은코뿔소는 끝이 뾰족한 입**을 지녀 나뭇잎과 작은 나뭇가지를 먹기에 편하고.

설마, 색 차이가 아니라 **입 모양이 이름의 유래와 관계있는** 건가요?

우사미

흰코뿔소

맞아. 우리는 입가가 평평하고 넓어. 그래서 **아프리카 사람들이 '와이드(넓다)'라고 한 것을 학자가 '화이트(하얗다)'라고 잘못 들어 흰코뿔소가 된 거지.**

검은코뿔소는요?

캡

흰코뿔소

우리가 '흰코뿔소'니 입 모양이 다른 쪽은 '검은코뿔소'가 된 거지……. 엄청 적당히 이름 붙인 거라고.

흰코뿔소 씨의 입장이 돼 보니 눈물이 나올 것만 같아요.

우사미

결론

잘못 들어서 흰코뿔소와 검은코뿔소의 이름이 지어졌던 것이랍니다.

아니었어요 인정

# 꼬마뒤쥐 (일본명: 도쿄땃쥐) 씨

증언자

이름에 '도쿄'가 있지만……

## 도쿄에 서식하지 않아요!

도쿄 동물 파티

너, 도쿄가 아니라 홋카이도지 않아?

지긋…

끅

들켰다!!

진짜야?

오해 레벨 ★★★★★

**꼬마뒤쥐 기초 지식**
- 분류: 포유류 땃쥐목
- 분포: 일본, 중국, 러시아 등
- 크기: 몸길이 3.9~4.5cm

## 제3장 아니었어요 ~이름의 유래는 오해~

꼬마뒤쥐: 이런, 이런. 이제 와서 다른 방법이 없다는 걸 알지만……. 어울리지 않는 이름이야, 정말.

캡: 일본에서는 **홋카이도에만 있는데 어째서 이름에 '도쿄'가 붙었나요**? 어쩌다 그렇게 됐는지 알려 주세요.

꼬마뒤쥐: **잘못 쓴 거야**. 1903년에 우리를 발견한 영국 호커라는 동물학자가 말이야.

우사미: 그게 무슨 말씀이신가요?

꼬마뒤쥐: 호커 씨가 말이야. 표본 라벨에 홋카이도의 옛 명칭인 '에조(Yezo)'를 적어야 하는데, 도쿄의 옛 명칭인 '에도(Yedo)'라고 잘못 적었던 거야.

우사미: 그래서 '도쿄땃쥐'가 된 거군요? 단순한 실수였네요.

캡: "쥐"도 새도 모르게 다시 고쳤으면 좋았을 텐데…….

꼬마뒤쥐: 글쎄. 덧붙이자면, 나는 쥐가 아니라 두더지에 가까운 종이야.

우사미: 도쿄에도 없고, 쥐도 아니고, 복잡하네요~.

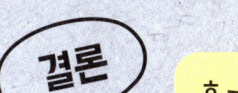
결론

홋카이도에 서식하는 도쿄땃쥐는 <u>실수로 '도쿄'라는 이름이 붙었답니다</u>. 게다가 <u>쥐가 아니라 두더지에 가까워요</u>.

137

증언자
# 인드리 씨

마다가스카르섬의 최대 원숭이!
## '저것 좀 봐'가 이름이 되었어요

엔도리나!
(저것 좀 봐!)

호오~, 인드리 인가요?

**인드리 기초 지식**
- 분류: 포유류 영장목
- 분포: 아프리카(마다가스카르)
- 크기: 몸길이 75~80cm

오해 레벨

제3장 아니었어요 ~이름의 유래는 오해~

실수로 이름이 붙여지는 경우가 많네요.

우사미

인드리

나도 말이야. **이름도 아닌 말이 이름이 된** 경우야.

인드리 씨, 그건 무슨 말씀이십니까?

캡

인드리

옛날에 말이지, 내가 사는 마다가스카르섬에 프랑스 학자가 조사하러 왔어. **학자를 안내한 현지인이 우리를 가리키면서 '엔드리나(저것 좀 봐)'라고** 말했지.

설마, 그 '엔드리나'를 학자가 인드리 씨의 이름이라고 생각한 건가요? 하지만 그렇다면 '엔드리나'라는 이름이 됐어야 하는 게 아닌가요?

우사미

인드리

오해가 하나 더 생긴 거야. 현지인의 '엔드리나'라는 말을 학자의 조수가 '인드리'라고 알아들은 거지.

'저것 좀 봐.'라는 말을 이름으로 착각하고, 거기에 잘못 알아듣기까지……. 두 번의 비극이군요. 프랑스"인드리(인들이)" 제대로 사과해야겠어요.

캡

인드리

내 이름을 말장난에 쓰는 수준도 슬프다고……. 무리해서 말장난을 지어내려 하지 마.

**결론**

마다가스카르섬 사람의 '저것 좀 봐.'라는 말을 프랑스인이 이름으로 착각하고, 게다가 잘못 알아들어 붙여진 이름이 인드리랍니다.

칼럼

## 아직 있어요, 아니었어요!
# 원숭이가 아니에요, 돼지가 아니에요.

**증언자 날원숭이** 씨

나는 이름에 '원숭이'라는 말이 들어 있지만 **원숭이가 아니야.** 생김새를 보면 날다람쥐처럼 **비막이 있어서 나무와 나무 사이를 날아다닐 수 있지만,** 날다람쥐와도 **다른 종이야.** 그럼 어떤 종이냐 하면, 예전에는 두더지나 박쥐의 일종으로 여겨졌지만, 지금은 그 중간인 '날원숭이'라는 독자적인 종이야.

**증언자 땅돼지** 씨

내 귀여운 코를 봐 봐. **돼지 같지?** 적을 만나면, **땅을 파서 구멍을 만들어 몸을 숨겨.** 그래서 땅돼지야. 하지만 **생활 양식이 돼지와는 완전히 달라.** 아프리카의 초원 등에서 밤에 돌아다니고, 가늘고 긴 혀로 흰개미 등을 핥아 먹지. 오래전에 살았던 동물이 살아남은 것이고, 한 종류밖에 없어.

## 제 4 장

# 공룡에 대한 거짓말이에요

~중요한 건 오해가 쌓이는 것!~

'이 몸은 공룡이야.
내 말 좀 들어 달라고!'

취재가 끝나고 집에서 자려고 누운 우사미에게 누군가가 말을 걸어왔어요. 갑자기 오래전에 멸종된 공룡의 모습이 나타났어요! 공룡에 관해 알 수 있게 된 건 오랜 기간의 연구 덕분이에요. 하지만 한편으로는 많은 '오해'가 쌓여 있었어요.

## 제4장 공룡에 대한 거짓말이에요 ~중요한 건 오해가 쌓이는 것!~

트리케라톱스: 어이, 우사미, 우사미. 일어나거라…….

우사미: 음냐음……. 엣? 머리맡에 공룡이……! 다, 당신은 트리케라톱스 씨! 멸종했을 텐데요?

트리케라톱스: 네게 좋은 사실을 알려 주기 위해 나타났다.

우사미: 도, 도, 도대체 어떤 걸 알려 주시려고?

트리케라톱스: 공룡 도감 등에서 **같은 이름의 공룡이지만, 책에 따라 색이나 모습이 다르다고** 생각하지는 않았는가?

우사미: 맞아요! 맞아요! 같은 공룡도 색이나 생김새가 다른 경우가 있었던 걸 기억해요.

트리케라톱스: 그건 오해다. 공룡이 살아 있지 않기 때문에 **상상으로 그리는** 것이지. 몸의 형태는 화석에서 복원했지만, 화석에 남기 힘든 모습이나 색은 지금 살아 있는 동물을 참고해 그리는 것이다.

우사미: 그래서 **그림을 그리는 사람에 따라 다른** 거군요.

트리케라톱스: 참고로 최근에는 깃털이 남은 화석이 발견되어, 진짜 색을 알 수 있는 공룡도 있지.

우사미: 그 경우에는 진짜 색으로 그릴 수 있겠군요.

**결론**

공룡의 형태와 색은 현재의 동물을 참고삼아 상상으로 그린답니다. 하지만 깃털 화석 등으로부터 색을 알 수 있는 공룡은 정확한 색으로 그릴 수 있죠.

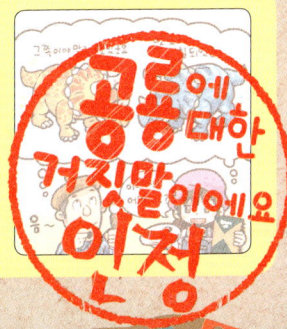

143

# 이구아노돈 씨

증언자

지금은 예리한 엄지발톱이 특징이지만······

## 처음에는 뿔이었어요!

전에는 이랬나····

반짝

지금은 이거야!

오해 레벨
★★★★☆

이구아노돈
기초 지식

- **이름의 의미** 이구아나의 이빨
- **크기** 전체 길이 약 10m
- **서식 시기** 백악기 전기
- **화석 발견지** 유럽, 아시아

## 제4장 공룡에 대한 거짓말이에요 ~중요한 건 오해가 쌓이는 것!~

**이구아노돈**
어이, 우사미, 우사미. 일어나거라. 이 몸이 네게 좋은 걸 알려 주려고 왔다.

음냐음냐……. 저, 엄청 졸린데요……. 다, 당신은 이구아노돈 씨!
**우사미**

**이구아노돈**
이 몸의 특징이라고 하면 앞발의 예리한 엄지발톱이지. 하지만 **처음에는 다른 부분이라고 생각됐다.** 어디일까?

이런 갑자기 한밤중에 깨워 퀴즈라니, 귀찮아요~. 뾰족하니까 뿔 아닌가요?

**우사미**

**이구아노돈**
정~답. 코뿔소처럼 코끝의 뿔이라고 여겨졌었지.

어째서 코뿔소의 뿔과 비슷할 거라고 생각한 걸까요?

**우사미**

**이구아노돈**
모르겠다. 뾰족하고 견고했으니 발톱으로는 보이지 않았던 게 아닐까.

잘 모르시는군요.

**우사미**

그 후에 **전신이 보존된 화석이 발견되어 엄지발톱이라는 게 밝혀졌지.** 참고로 엄지발톱은 몸을 지키는 무기로 쓰였다고 추측하고 있다.

잠깐만요! 사라지기 전에 발톱이 무엇에 쓰였는지 알려 주셔야죠~!

**우사미**

**결론**

이구아노돈의 예리하고 뾰족한 <u>뼈</u> 화석은 앞발의 <u>엄지발톱</u> 화석이었지만, 처음에는 뿔로 여겨졌답니다.

증언자

# 티라노사우루스 씨

공룡계 넘버원 스타지만······

## 모습의 상상도가 정해져 있지 않아요!

가오오오
가아아아아
쿵쿵
크아아...

또 바뀔지도 모르지

NEW!

오해 레벨
★★☆☆☆

**티라노사우루스 기초 지식**
- 이름의 의미: 폭군 도마뱀
- 크기: 전체 길이 12~13m
- 서식 시기: 백악기 후기
- 화석 발견지: 미국, 캐나다

## 제4장 공룡에 대한 거짓말이에요 ~중요한 건 오해가 쌓이는 것!~

**티라노사우루스:** 어이, 우사미, 우사미. 일어나거라…….

**우사미:** 일어났어요! 오늘 밤에도 공룡의 영혼이 나타날 거라 생각해서 기다렸거든요! 그래서, 당신……. 누구시죠?

**티라노사우루스:** 뭐, 뭐라고? 이 몸을 모른다고? 공룡계의 대스타, 티라노사우루스라고!

**우사미:** 에~. 티라노사우루스라고 하면 비늘로 덮여 있어야 하는 게 아닌가요? 당신, 뭔가 나 있는데요!

**티라노사우루스:** 최근의 연구로 **우리들의 원시적인 종은 깃털이 있는 게 발견됐다.** 그래서 이 몸에게도 깃털이 있지 않았을까 하는 설이 제기된 거야.

**우사미:** **발견에 의해 엄청 바뀐** 거군요.

**티라노사우루스:** 그렇다. 최초의 이 몸은 **괴수처럼 직립한 채 꼬리를 질질 끄는 모습**이었다. 그것이 **꼬리를 수평으로 들고 서 있는 모습으로 변화했고, 깃털 공룡이 됐지.** 연구의 성과라고 할 수 있다.

**우사미:** 응? 그럼, **앞으로도 바뀔 가능성이 있다**는 말씀이신가요?

**티라노사우루스:** 그렇다. 이번에는 최근의 가설 중 하나와 맞춰 보았다. 진실을 알면 재미없잖은가. 서비스다.

**우사미:** 아뇨, 아뇨. 진실을 알려 주세요~! 앗, 또 사라졌어요!

### 결론

티라노사우루스의 상상도는 수직으로 서 있는 모습에서 꼬리를 수평으로 세운 모습으로 바뀌었고, 최근에는 깃털이 난 모습이 됐답니다.

# 증언자 스테고사우루스 씨

등의 판 같은 것으로 잘 알려져 있죠!

## 판이 늘어선 모양이 여러 가지로 추측되었어요

오해 레벨 ★★☆☆☆

**스테고사우루스 기초 지식**
- 이름의 의미: 지붕 도마뱀
- 서식 시기: 쥐라기 후기
- 크기: 전체 길이 7~9m
- 화석 발견지: 미국, 포르투갈

## 제4장 공룡에 대한 거짓말이에요 ~중요한 건 오해가 쌓이는 것!~

> 오늘 밤에도 나타났네요. 공룡! 기다렸어요! 그래서 무엇을 알려 주러 오셨나요?

우사미

스테고사우루스

> 이 몸의 등에는 뼈로 된 골판이 있다. 지금의 살아 있는 동물에겐 이런 게 없지. 그래서 **여러 추측이 잇따랐어.**

> 참고할 동물이 없으니 그랬겠군요.

우사미

스테고사우루스

> 껍데기처럼 등을 감쌌다든지, 판이 일렬로 늘어서 있다든지, 여러 추측이 있었다.

> 이제 당신을 만났으니 진실을 알 수 있겠네요. 모습을 감추기 전에 등을 보여 주세요!

우사미

스테고사우루스

> 얼마든지 봐도 좋다! 최근에는 골판이 늘어진 모양 그대로 화석이 된 표본이 발견돼, **판이 2열로 엇갈려 나 있다**는 게 알려졌으니까!

> 드디어 진실을 알려 주셨군요. 후련해요! 그런데 **골판에는 어떤 역할이 있나요?**

우사미

스테고사우루스

> 골판에는 혈관이 있어서 체온이 올랐을 때 바람을 맞아 몸을 식힐 수 있었던 것 같다. 뭐, 알겠는가.

> 잠깐만요~! 사라지지 마세요~! 제대로 알려 주세요~!

우사미

**결론**

스테고사우루스의 <u>등에 있는 골판은 2열로 엇갈려 났다</u>는 게 최근에 밝혀졌답니다.

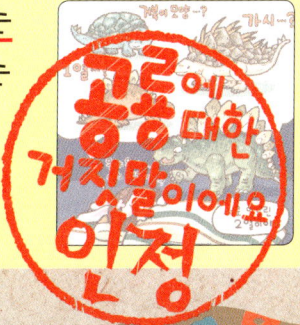

149

# 파키케팔로사우루스 씨

**증언자**

딱딱한 머리를 맞부딪치며 싸웠다고 생각했지만······

## 목이 약해, 머리를 맞부딪칠 수 없었어요

**착각 레벨** ★★★☆☆

**파키케팔로사우루스 기초 지식**
- **이름의 의미** 두꺼운 머리의 도마뱀
- **크기** 전체 길이 약 5m
- **서식 시기** 백악기 후기
- **화석 발견지** 미국

## 제4장 공룡에 대한 거짓말이에요 ~중요한 건 오해가 쌓이는 것!~

오늘 밤의 공룡은 파키케팔로사우루스 씨네요. 매일 밤 졸려 죽겠어요. 슬슬 캡을 찾아갔으면 하는데요.

우사미

파키케팔로사우루스

폐를 끼쳤군. 하지만 나도 잘못된 정보로 민폐를 끼치고 싶지 않다. 이야기를 들어 줬으면 하는군.

저와는 관계없는 일이지만……. 뭐, 좋아요. 어떤 일이 있었나요?

우사미

파키케팔로사우루스

우리는 후두류라고 해서 머리뼈가 두껍고 단단하다. 그 때문에 영역 다툼 때 머리를 서로 격하게 부딪쳐 싸우는 그림이 그려졌었지. 그게, 아파서 말이야.

무슨 말씀이신가요? 머리가 단단하면 괜찮지 않나요?

우사미

파키케팔로사우루스

머리는 괜찮아. 하지만 목뼈가 발견됐어. 그 결과, 목뼈는 머리가 부딪치는 충격으로 부러질 정도로 약하다는 게 밝혀졌지.

그럼, 그 견고한 머리는 영역 다툼에는 쓰지 않았겠군요.

우사미

파키케팔로사우루스

아니, 머리를 숙이고 그 견고함을 겨루는 영역 다툼을 했다는 설이 있다.

싸우는 상대에게 고개를 숙인다. 뭔가 평화적인 싸움이라 좋네요♥

우사미

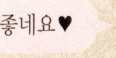

결론

파키케팔로사우루스의 단단한 머리는 부딪치는 데 쓰인 것이 아니라 견고함을 겨루는 데 쓰였다는 설이 있답니다.

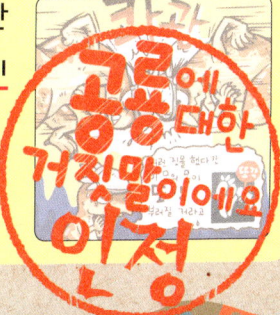

# 오비랍토르 씨

증언자

'알 도둑'이라는 이름이 붙여졌지만……
## 자신의 알을 덥히던 것뿐이에요

내 알이라고요!

앗! 알 도둑!!

오해 레벨 ★★★★★

**오비랍토르 기초 지식**
- 이름의 의미: 알 도둑
- 크기: 전체 길이 약 1.5m
- 서식 시기: 백악기 후기
- 화석 발견지: 몽골, 중국

152

## 제4장 공룡에 대한 거짓말이에요 ~중요한 건 오해가 쌓이는 것!~

우사미

오늘은 공룡의 영혼이 캡 쪽으로 갔을 테니 오랜만에 푹 자 볼까……. 으악! 있잖아! 당신, 오비랍토르 씨 아닌가요?

오비랍토르

유감이야, 유감~. '오비랍토르'라는 이름~! 나, **알 같은 건 훔치지 않는다고~.**

우사미

그럼, 무엇을 훔친 건가요? 먹을 것?

오비랍토르

왜 '훔치는' 게 전제냐고! 아니야, 아니야. 내 **화석은 알이 있는 둥지 근처에서 발견됐어.** 그 때문에 알을 훔치러 온 공룡으로 여겨졌지만……. **둥지는 내 것이라고! 내 알을 덮히고 있었을 뿐이야!**

우사미

에엣~! 알을 지키고 있었는데 도둑이라고 불린 건가요. 그 오해는 풀어야겠네요!

오비랍토르

아니, 사람들도 지금은 **둥지가 우리 것이라는 건 알아.** 단지 **이름을 '알 도둑' 그대로 두고 바꾸지 않을** 뿐이지~! 유감이야~!

우사미

뭐예요. 오해가 풀렸으면 그걸로 됐잖아요. 매일 밤 공룡이 찾아와 잘 수 없는 제가 더 유감이라고요.

**결론**

오비랍토르는 다른 공룡의 알을 훔치러 온 것으로 여겨져서 이름이 그렇게 붙여졌지만, <u>실은 자신의 알을 돌보던 것이랍니다.</u>

153

## 증언자 프테라노돈 씨

육지의 공룡, 하늘의 익룡, 바다의 수장룡이라고 하지만
**익룡, 수장룡은 공룡이 아니에요**

오해 레벨 ★★★★★

**프테라노돈 기초 지식**
- 이름의 의미: 이빨 없는 날개
- 서식 시기: 백악기 후기
- 크기: 날개를 펼친 길이 7~8m
- 화석 발견지: 미국

## 제4장 공룡에 대한 거짓말이에요 ~중요한 건 오해가 쌓이는 것!~

 프테라노돈: 어이, 캡……, 캡이여. 일어나거라. 프테라노돈이네.

 캡: 예예! 기다리고 있었습니다. 우사미 양으로부터 매일 밤 공룡이 찾아온다는 말을 듣고 정말 부러웠습니다! 크으, 드디어 만나 뵙게 됐군요.

프테라노돈: 뭐라고! 공룡을 기다렸다는 건가. 그거 미안하게 됐군! 이 몸은 **공룡이 아니라 익룡**이네.

 캡: 네? 익룡도 하늘을 나는 공룡 아닙니까?

 프테라노돈: 공룡이라고 하면, 쉽게 말해, 다리가 몸에서 밑으로 쭉 나온 파충류를 일컫지.

 캡: 그렇다면, 당신은 날개가 있으니 공룡이 아니라, 새?

 프테라노돈: 새의 날개는 팔의 깃털로 이루어져 있다만, 익룡의 날개는 팔과 몸 사이를 잇는 피부가 늘어난 것이라 다르지. 이 몸은 **공룡과는 다른 파충류**라네.

  캡: 그렇다는 건……. 바다에 있는 목이 긴 공룡도 공룡이 아닌 겁니까?

 프테라노돈: 그렇지. 후타바사우루스 등의 수장룡은 다리가 지느러미로 이루어져 있지. 마찬가지로 공룡이 아니라네.

 캡: 그래도 공룡 시대의 동물과 만나 정말 기쁩니다!

 결론: 프테라노돈 등의 익룡과 후타바사우루스 등의 수장룡은 <u>공룡과 같은 시대에 살았던 파충류</u>랍니다.

**퀴즈**

**착각해서 그래요 퀴즈 ③**

# '사슴 주의'라는 표지, 일본의 사슴은 어느 쪽?

A

B

**문제**

우사미

A와 B는 '동물이 튀어나올 수 있으니 주의하라'는 표지예요. 사슴이 튀어나오는 걸 주의하라는 표지 중, **일본의 사슴을 모델로 한 그림은 어느 쪽일까요?**

**정답**

캡

일본의 사슴을 모델로 삼은 것은 B입니다. 하지만 일본에서 자주 보는 사슴 출몰 주의 표지는 A이고, 이것은 외국의 사슴인, 흰꼬리사슴이 모델이랍니다. 일본에는 없는 사슴으로, **일본 사슴과 뿔이 난 방향이 다르답니다.** 어째서 외국의 사슴을 모델로 한 그림을 썼을까요? 일본의 도로 표지를 지금의 것으로 정했을 때 외국의 것을 참고하였기 때문이랍니다. 둘 다 쓰이고 있기 때문에 틀려도 "가슴" 아파하지 마세요.

정답 : B

있었어요 File 01

# 거짓말로 여겨졌던 동물의 발견 이야기 ①

## 지어낸 이야기로 오해 받았어요

**보고자 오리너구리 씨**

**오리너구리 기초 지식**
- 분류: 포유류 단공목
- 분포: 호주 동부, 태즈메이니아
- 크기: 몸길이 31~40cm

### 오리의 주둥이를 지닌 털가죽

우리 오리너구리가 호주에서 유럽 사람들에게 발견되어 그 털가죽이 영국으로 보내졌던 건 1799년의 일이에요. **털가죽을 본 동물학자는 '이건 새인가? 포유류인가?' 하고 깜짝 놀랐죠.** 왜냐하면 오리와 똑 닮은 주둥이를 지녔고, 짧은 다리에는 물갈퀴가 있었으며, 비버처럼 평평한 꼬리를 지녔기 때문이에요.

### 동물학자가 '지어낸 이야기'라며 화냈다!

당시, 알려졌던 동물과 비교해 모습이 무척이나 기괴해서 '수달에 주둥이를 붙여 만든 가짜잖아! 속았다!'라며 학자가 화를 냈죠.
하지만 학자가 자세히 조사해 보니, 더욱 더 놀라운 사실이 밝혀졌죠. **털가죽에 주둥이를 붙인 듯한 흔적이 없었거든요.**

제5장 있었어요 ~거짓말로 여겨졌던 동물의 발견 이야기~

## 포유류지만 알을 낳고, 독이 있고……

간신히 실재하는 동물이라는 게 인정되었어요. 그리고 '오리 같은 주둥이'를 지녔다고 해서 우리에게 '오리너구리'라는 이름이 붙여진 것이랍니다. 하지만 이야기는 여기서 끝나지 않아요. 어떤 동물인지 전혀 알 수 없어서 여러 조사가 이루어졌답니다. 그리고 학자들은 또 깜짝 놀랐죠! 포유류는 새끼를 낳고 젖을 먹여 기릅니다. 우리는 알을 낳지만 배의 주름에서 젖이 나와요.

또, 독을 지닌 포유류는 거의 없지만, 우리는 수컷의 뒷다리에 있는 발톱에 독이 있어요.
사실, 우리는 오래전부터 살아온 포유류였어요. 그래서 지금의 동물과는 달랐던 것이죠.

정리

오리너구리가 기묘한 모습과 생태를 지닌 건, 오래전부터 살아왔던 동물이기 때문이랍니다.

있었어요 File 02

## 거짓말로 여겨졌던 동물의 발견 이야기 ②

# 전설의 용이라고 떠들썩했어요……

**코모도왕도마뱀 기초 지식**
- 분류: 파충류 뱀목
- 분포: 인도네시아(소순다 열도 중 일부)
- 크기: 전체 길이 200~300cm

보고자 **코모도왕도마뱀** 씨

### '전설의 용 발견'으로 떠들썩해

내 이름은 코모도왕도마뱀이지만, '코모도드래곤'이라고 불릴 때도 있지. 용이라는 건, 물론 전설의 동물이야.
어째서 그런 동물의 이름으로 불리게 되었느냐 하면, 1911년에 내 모습을 처음 본 사람이 놀라면서 "전설의 용이 발견되었다!"라고 크게 소란을 피워서야.

### 자세한 조사로 커다란 도마뱀이라는 것이 밝혀지다

1912년, 용 발견에 관해 자세한 조사가 이루어졌지. 그 결과, **용이 아니라 도마뱀**이라는 게 밝혀졌어.
그럼에도 놀란 것에는 변함이 없었지. 왜냐하면 나는 전체 길이가 3미터, 체중이 140킬로그램에 달하는 거구거든. **도마뱀 중에서도 세계 최강**이었으니까 말이지.

제5장 있었어요 ~거짓말로 여겨졌던 동물의 발견 이야기~

## 위험한 동물이지만 실은 겁쟁이!

겉모습이 용과 비슷하고 엄청 크지. 그리고 동물의 사체나 사슴, 돼지 등의 대형 포유류를 먹어. 게다가 예리한 발톱과 뼈도 부수는 강한 턱을 지녔지.

이런 사실이 밝혀지자, 용은 아니라고 해도 **맹수로서 두려움의 대상**이 됐어. 덧붙여 **독을 지닌** 것까지 확인되었지.

하지만 이런 사실에는 옳은 부분도 있지만 틀린 부분도 있어. 그것을 여기서 보고하고자 해.

**내가 습격하는 경우는 대부분 영역에 멋대로 들어왔을 때뿐**이야. 사람에게 접근하는 경우는 없어. 왜냐하면 두 발로 선 사람은 거대해서 무섭게 보이니까 말이지. 용이라고는 불리지만……. 겁쟁이라고.

정리

코모도왕도마뱀은 용이라 착각될 정도로 거대하고 위험한 힘을 지녔지만, <u>실제로는 아주 겁이 많은 동물이랍니다.</u>

있었어요 File 03

# 거짓말로 여겨졌던 동물의 발견 이야기 ③

## 신종으로 좀처럼 인정받지 못했어요……

**자이언트판다 기초 지식**

| 분류 | 포유류 식육목 |
|---|---|
| 분포 | 중국 |
| 크기 | 몸길이 120~150cm |

보고자 **자이언트판다** 씨

### '신의 사자'로 여겨진 진귀한 동물

나는 4천 년 이상 전부터 중국의 여러 책에서 '신의 사자' 또는 '철을 먹는 곰 같은 검고 흰 동물'로 기록되어 왔어. 그래, 내가 사는 중국에서는 그렇게 알려져 있었다고. 하지만 드물고 귀중했기 때문에 **어떤 동물인지 확실하게 알려지지는 않았지.**

### 세계에 알려진 건 겨우 150년 전!

그런 내가 세계에 알려지게 된 건 1869년의 일이야. 프랑스의 신부님이 중국을 방문했을 때, 검고 흰 동물의 털가죽을 처음 보게 된 거지. 신부님은 "이런 동물이 있구나."라며 크게 놀라고는, 털가죽과 뼈를 손에 넣은 후 프랑스의 학자에게 보냈어. 그 결과, **1870년에 신종으로 인정받아 알려지게** 된 거야.

제5장 있었어요 ~거짓말로 여겨졌던 동물의 발견 이야기~

## '판다'보다 크니까 '자이언트판다'

자, 신종이라 처음에는 당연하게도 내게 이름이 없었어.
그래서 일단, 나와 비슷한, **앞다리에 조릿대와 대나무를 능수능란하게 잡을 수 있도록 돌출된 부분이 있으며, 조릿대와 대나무를 먹을 수 있는 동물의 이름을** 참고했어. 그게 '판다'야.
**이 판다에 비해 나는 무척 커서** '자이언트판다'라는 이름이 붙여지게 됐지.

그런데 내 이름의 기원이 된 판다 말인데, **지금은 '레서판다'로 알려져 있어.**
'레서'는 '더 작다'라는 의미야. 나보다 먼저 발견되어 '판다'라고 불렸지만, **내가 더 유명해지게 되면서 구분하기 위해 레서판다라고 불리게 된 거야.** 선배지만 미안하게 됐지.

정리

예로부터 <u>귀중한 동물로 알려져 있었지만, 150년 전에 신종으로 인정받아</u> 전 세계에 알려지게 되었답니다.

있었어요 File 04

## 거짓말로 여겨졌던 동물의 발견 이야기 ④

# 실제로는 없는 동물로 여겨졌어요

**피그미하마 기초 지식**
- 분류: 포유류 소목
- 분포: 서아프리카
- 크기: 몸길이 170~195cm

보고자 **피그미하마** 씨

### 많은 학자가 인정하지 않았다

지금은 자이언트판다, 오카피 등과 어깨를 나란히 하는 3대 희귀 동물이지만…… '진짜 있다'고 좀처럼 인정받지 못했어요. 그야 그렇죠, 작은 하마는 상상이 잘 되지 않으니까요. 150년 정도 전에 뼈가 발견됐음에도, 새끼가 동물원에서 사육됐음에도 (얼마 안 가 죽어서) 인정받지 못했어요.

### 다른 동물에 대한 소문이 사실이었다

그로부터 40년 이상이 지난 1910년, 독일의 한 동물 상인이 서아프리카의 라이베리아에 '셍게'와 '니구베'라는 괴물이 있다는 정보를 알게 됐어요. 셍게의 정체는 자이언트숲멧돼지라는 게 밝혀졌고, 그렇다면 니구베도 있지 않을까 하는 말이 나온 거예요. 그리고 소문으로만 알려진 니구베의 특징이 작은 하마와 똑 닮았던 것이지요.

## 진짜 있었다! 전설의 괴물 니구베

이 이야기를 들은 독일의 탐험가가 "그렇다면 피그미하마도 실재할 것이다."라며 라이베리아에서 조사를 시작했어요. 하지만 현지인은 "니구베는 이제 없다."라며 조사에 협력하지 않았지요. 그만큼 우리는 개체 수가 적었다는 말이에요. 하지만 탐험가는 포기하지 않았어요. 몇 개월에 걸쳐 숲을 헤매다가 소문의 염소 정도 크기의 하마…… 즉, **우리 피그미하마를 발견한** 거예요. 뭐, 우리는 그때 도망쳤지만 말이에요.

탐험가는 귀국한 후 "피그미하마를 봤다."라고 말했지만 **아무도 믿지 않았어요.** 그래서 다시 한번 라이베리아에서 조사를 해서 **1913년에 겨우 우리를 포획하는 데 성공했어요.** 드디어 진짜 존재한다는 사실이 밝혀지게 된 거지요.

> **정리**
> 뼈가 발견됐고, 새끼가 동물원에서 사육되기도 했지만 피그미하마로 인정되진 않았어요. 1913년에 겨우 생포해 존재가 인정되었답니다.

있었어요 File 05

# 거짓말로 여겨졌던 동물의 발견 이야기 ⑤

## 한 번 멸종됐다고 여겨졌던 귀한 동물이에요

**사불상 기초 지식**
- 분류: 포유류 소목
- 분포: 아시아(중국 원산)
- 크기: 몸길이 183~216cm

보고자 **사불상** 씨

### 사슴+소+말+당나귀=사불상

뿔은 사슴, 발굽은 소, 머리는 말, 꼬리는 당나귀와 닮았지만, 이들과는 다른 동물이에요. 이런 사실로부터 저는 '사불상(四不像)'이라는 이름으로 불리게 됐죠. 각각의 동물이 교배해 태어난 것도 아닌데, 각각의 특징을 모아 놓은 것처럼 보였답니다.

합체

### 황제가 수렵하기 위해 길렀다

뭐야 저건?!
우, 우선 세 마리 데려갈게요!

지금으로부터 150년 정도 전, 프랑스의 신부가 중국에 방문했어요. 그때 중국의 황제가 우리를 사냥하기 위해 담으로 둘러싼 장소에서 기르는 것을 봤죠. 신부는 동물 네 종의 특징을 지닌 사슴과 비슷한 우리의 모습을 보고 깜짝 놀랐답니다. 처음 본 동물이었기에, **중국 정부에 부탁해 세 마리를 모국으로 데려갔답니다.**

제5장 있었어요 ~거짓말로 여겨졌던 동물의 발견 이야기~

## 태어난 중국에서는 멸종, 하지만 유럽에서 살아남다

프랑스에서 조사해 본 결과, 우리들은 신종으로 인정받았죠. 그리고 중국으로부터 10마리가 유럽의 동물원으로 보내졌어요. **이것이 우리의 멸종을 막을 줄은** 상상도 못했지만요.
그리고 그 후, 중국에서는 대홍수와 식량 부족, 전쟁이 일어나 **1900년에 우리가 멸종됐어요.** 게다가, 유럽에서도 전쟁에 의해 동물원에 있던 사불상이 모두 죽어 멸종됐다고 여겨졌었죠.
그런데 영국인 귀족이 자신의 저택 정원에서 우리를 사육하고 있었어요.
지금도 사불상은 **전 세계의 동물원에 1,500마리밖에** 없어요. 이들은 모두 **영국인 귀족이 길렀던 사불상의 자손**이랍니다.

> **정리**
> 동물 네 종의 특징을 지닌 사슴의 친척, 사불상은 중국이 원산지랍니다. 중국에서는 멸종했지만, 영국 귀족이 기르던 것의 자손이 지금도 생존해 있답니다.

난 억울해요! 끝

# 색인

## 포유류

| | |
|---|---|
| 검은코뿔소 | 132 |
| 고릴라 | 80 |
| 고슴도치 | 128 |
| 기린 | 88, 124 |
| 꼬마뒤쥐 | 140 |
| 나무늘보 | 102 |
| 낙타 | 52 |
| 날원숭이 | 144 |
| 다람쥐 | 114 |
| 돌고래 | 58 |
| 돼지 | 90 |
| 두더지 | 64 |
| 땅돼지 | 144 |
| 라텔 | 108 |
| 멧돼지 | 32 |
| 바다사자 | 92 |
| 범고래 | 94 |
| 북극곰 | 96 |
| 사불상 | 170 |
| 사자 | 78 |
| 소 | 22 |
| 스컹크 | 46 |
| 아메리카너구리 | 54 |
| 아이아이 | 132 |
| 오리너구리 | 162 |
| 왈라비 | 58 |
| 왕아르마딜로 | 60 |
| 외뿔고래 | 110 |
| 인드리 | 142 |
| 일본산양 | 62 |
| 자이언트판다 | 28, 166 |
| 점박이하이에나 | 20 |
| 주머니쥐 | 40 |
| 집고양이 | 26 |
| 천산갑 | 92 |
| 치타 | 76 |
| 큰곰 | 50 |
| 태즈메이니아데빌 | 108 |
| 피그미하마 | 168 |
| 하늘다람쥐 | 92 |
| 하마 | 74 |
| 향유고래 | 104 |
| 호랑이 | 30 |
| 회색늑대 | 84 |
| 흡혈박쥐 | 56 |
| 흰코뿔소 | 134 |

## 조류

| | |
|---|---|
| 동박새 | 72 |
| 매 | 58 |
| 쏙독새 | 70 |
| 여행비둘기 | 132 |
| 올빼미 | 66 |
| 원앙 | 18 |
| 제비 | 106 |

> 이 책에 등장하는 동물을 종별로 가나다순으로 소개하고 있어요!

| | |
|---|---|
| 펭귄 | 82 |
| 황제펭귄 | 108 |
| 휘파람새 | 72 |

## 파충류

| | |
|---|---|
| 마타마타거북 | 40 |
| 바다악어 | 86 |
| 붉은바다거북 | 44 |
| 인도코브라 | 36 |
| 카멜레온 | 34 |
| 코모도왕도마뱀 | 164 |

## 어류

| | |
|---|---|
| 가시복 | 118 |
| 개복치 | 42 |
| 백상아리 | 14 |
| 복어 | 120 |
| 피라냐 | 16 |

## 곤충류

| | |
|---|---|
| 개미 | 116 |
| 대벌레 | 40 |
| 소금쟁이 | 112 |
| 저녁매미 | 48 |
| 흰개미 | 126 |

## 공룡·고생물

| | |
|---|---|
| 스테고사우루스 | 152 |
| 오비랍토르 | 156 |
| 이구아노돈 | 148 |
| 트리케라톱스 | 146 |
| 티라노사우루스 | 150 |
| 파키케팔로사우루스 | 154 |
| 프테라노돈 | 158 |

## 식물

| | |
|---|---|
| 벌레잡이통풀 | 68 |

## 그 밖의 생물

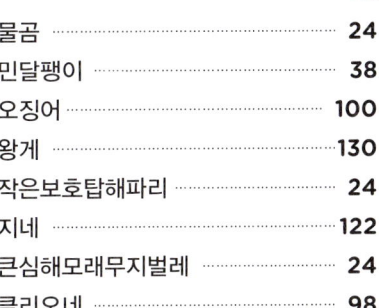

| | |
|---|---|
| 물곰 | 24 |
| 민달팽이 | 38 |
| 오징어 | 100 |
| 왕게 | 130 |
| 작은보호탑해파리 | 24 |
| 지네 | 122 |
| 큰심해모래무지벌레 | 24 |
| 클리오네 | 98 |

- 감수  이마이즈미 타다아키
- 글  고자키 유우
- 일러스트  요시무라 요시유키
- 사진  포토 라이브러리
- 디자인  치바 츠리코 (안바타 오피스)

## 코믹컴
### 오해받는 동물의 속사정 난 억울해요!

글 고자키 유우
감수 이마이즈미 타다아키
역자 나정환
찍은날 2019년 9월 4일 초판 1쇄
펴낸날 2020년 2월 11일 초판 3쇄
펴낸이 홍재철
편집 정연주
디자인 박성영
마케팅 황기철·안소영
펴낸곳 루덴스미디어(주)
주소 경기도 고양시 일산동구 무궁화로 43-55, 604호(장항동, 성우사카르타워)
홈페이지 http://www.ludensmedia.co.kr
전화 031)912-4292 | 팩스 031)912-4294
등록 번호 제 396-32100002510020080000001호
등록 일자 2008년 1월 2일

ISBN 979-11-88406-75-3  73490

결함이 있는 책은 구입하신 곳에서 바꾸어 드립니다.
값은 뒤표지에 있습니다.

이 도서의 국립중앙도서관 출판시도서목록(CIP)은 e-CIP홈페이지
(http://www.nl.go.kr/ecip)에서 이용하실 수 있습니다. (CIP제어번호 : CIP2019034596)

Original Japanese title : Usonandesu
Copyright © Gakken 2018 Printed in Japan
First published in Japan 2018 by Gakken Plus Co., Ltd., Tokyo
Korean translation rights arranged with Gakken Plus Co., Ltd.
through JM Contents Agency Co.